50歳からの
学び直し入門

週刊東洋経済編集部 編
Weekly Toyo Keizai

インターナショナル新書　125

目次

第2章　リカレント
――40〜50代に必要な教養を身に付ける

＊本書に掲載したデータや価格は、２０２３年４月時点のものです。

はじめに——新書版の読者のみなさまへ

もし、あなたが『週刊東洋経済』の熱心な読者であるなら、少しの間、我慢していただきたい。最初に本書、「50歳からの学び直し入門」を生んだ『週刊東洋経済』という雑誌の性格について触れておきたいからである。

雑誌のジャンルでいえば、「経済誌」「ビジネス誌」ということになる。世界や日本の経済動向、有力企業の経営戦略、株式や為替《かわせ》市況の詳細、投資戦略……。ビジネスの最前線に立つ読者に向けて、最新の経済ニュース、経済情報を伝える雑誌だ。

「硬い」「生真面目」というのがよく耳にする雑誌のイメージだろうか。扱う情報から見れば、それも納得できる。ただ、実際の雑誌の誌面はここ数年で大きく変化している。

『週刊東洋経済』など経済誌の特徴は「大特集主義」である。その時代、瞬間に最も旬な経済情報を切り取って、その最深部を1冊で余すことなく伝えようとするものである。特集は各号の顔であり、読者に支持されるかどうかは、数十ページに及ぶ、その内容に左右される場合が多い。

1カ月、2カ月と担当編集者は社内記者や外部筆者を巻き込みながら、特集を作り込む。どれも編集者がありったけのエネルギーを注ぎ込む自信作なのだが、すべてが読者に支持されるわけではない。冷酷にもそれは販売部数という結果で返ってくる。

当然だが、多くの読者をつかめないのは、それが読者のニーズに合っていないからだ。編集者の頭の中は伝えたい情報や作りたい誌面のことでいっぱいである。しかし、それが本当に読者の欲しているものなのかどうか。自分の望みとニーズとのせめぎあいがギリギリまで続く。その過程を経て、読者のみなさまにお届けするのが、私たちの特集だ。

2022年のラインアップを少し紹介したい。

「エネルギー戦争」「独走トヨタ 迫る試練」。経済や企業動向を独自分析する特集は『週刊東洋経済』の長年の得意分野である。そうした特集と並んで「40代、50代からの資格と検定」「デジタル仕事術」「学校が崩れる」など従来とはやや毛色の異なる特集を作り、好評を得た。

将来の国の経済成長も企業の成長も描きにくくなった時代。ビジネスパーソンが自身の理想を実現させるには、国や企業の成長に頼るのではなく、自らのスキルの引き上げや仕事、生活環境の見直しが必要不可欠になってきたのである。そんな時代の変化を映し出しているのが、今の『週刊東洋経済』の特集だといえる。

22年という時代をリアルに捉えた特集の一つが「50代からの稼ぎが変わる 学び直し全ガイド」である。それが「50歳からの学び直し入門」という新書として、新たな読者となるみなさまに読んでいただけることになった。

岸田文雄政権の目玉政策が「新しい資本主義」。その中心を構成するのが「人への投資」で、関連して頻繁に聞かれるようになったのがリスキリングとリカレント教育という2つの言葉である。

企業など組織内で知識やスキルに関する職業能力の再開発を行うのがリスキリングとされる。リカレント教育は企業とは別に個人を主体とした「生涯学習」を指す言葉として使われることが多い。

ただ、広い意味ではともに「学び直し」だ。どちらが何を勉強することなのか、線引きは曖昧で、政策や行政の都合で使い分けられている側面もある。

個人にとって大切なのは、言葉の定義ではなく、「自分がやりたい学び、必要な学び」を明確にすることだ。あくまで自身の能力を引き上げることを最優先の目的にすべきである。リスキリングであっても、リカレント教育であっても、国や企業のさまざまな制度を活用できる機会もあるだろう。

学び直しの世代と言えるのは、若い時代にやや画一的な教育を受けてきた40～50代だ。国や企業もその世代をターゲットに考えているはずで、古い仕事のルールが染みついている世代。「DX（デジタルトランスフォーメーション）」や「グリーンエコノミー」など新しい経済に対応できるスキルの習得が急務である。

もう一つ大事なのは、いつの時代にも必要とされる「教養」だ。とくに今は、パンデミックやウクライナ戦争などに象徴される混沌《こんとん》とした時代だ。普遍的な知識はビジネスパーソンが生き抜くうえでの羅針盤的な役割を担ってくれると考えている。

本書はデジタルスキルを中心としたリスキリングを第1章、教養を中心としたリカレントを第2章、そしてどちらにも関連する、学び直しの基礎知識を第3章にする形で再構成した。
40～50代といえば、そろそろ人生の折り返し地点に差し掛かる世代だ。人生の後半戦は、混沌とした時代とも重なり合う。自分に本当に必要なのはどんなスキル、どんな知識なのか。本書がその答えを手繰《たぐ》り寄せるためのヒントになることを願っている。

週刊東洋経済編集部 編集委員　堀川美行

第1章　リスキリング

――40～50代に必要なスキルとは

■身に付けたいスキル

MBA P14 ／ 中小企業診断士 P51
ビジネス法 P47 ／ 英語力 P64

MBAは必ずしも有名校で取る必要はない。目的に応じて学校選びを。

データサイエンティスト P21 ／ **情報セキュリティ** P39
Webマーケティング P30

データサイエンティストは難易度高め。デジタルは女性にも人気。

MBA P14 ／ 中小企業診断士 P51
ビジネス法 P47 ／ 英語力 P64

労働法などビジネス関連の法律の基本を押さえておきたい。

MBA P14 ／ Webマーケティング P30
中小企業診断士 P51 ／ 英語力 P64

中小企業診断士は科目数が多く難関だが、かなり役立つ。

論文術 P56 ／ MBA P14
英語力 P64

大学教員を目指すための論文はビジネス文書とは完全に別ものだ。

英語力 P64 ／ MBA P14
ビジネス法 P47

オンラインの英会話スクールも並行して活用してみたい。

目的別チャート図　リスキリング編

将来の自分の姿を思い描き、そのためにはどんなスキルを獲得すべきなのか。まずはチャートから探していこう。

ここからSTART!

あなたの目的は？

- 将来は経営に参加したい
- デジタル人材を目指したい
- 独立を目指したい
- 副業で稼ぎたい
- 大学教員になりたい
- 海外で通用する人材になりたい

「ＭＢＡ取得」で経営参加へ

中高年がＭＢＡを目指すメリット、受験勉強のポイントを指南！

圓岡志麻（ライター）

経営学を大学院で学んだスペシャリストの称号がＭＢＡ。将来の経営参画や起業を視野に、取得を検討しているビジネスパーソンもいるだろう。今回は40〜50代にとっての取得のメリット、注意点、また受験勉強のポイントなどについて解説したい。

社会人向けに国内ＭＢＡ受験の講座を開いているNIKKEN MBA lab. の諏訪《すわ》純一郎《じゅんいちろう》講師、河合塾ＫＡＬＳの鄭龍権《ていりゅうけん》講師、アガルートアカデミーの飯野《いいの》一《はじめ》講師らから話を聞いた。

まず受講生の傾向を聞くと、ボリュームゾーンは20代前半〜30代だが、40〜50代も少なくはなく、３割程度だという。

また近年、受講生全体の人数も増加傾向にある。

コロナ禍を機とする働き方や仕事観の変化などを背景に、キャリアアップや学び直しへの需要が高まっている。

中高年がＭＢＡを取得するメリットは何か。

各講師が話すのは、取得により経営上の問題解決手法を体系的に身に付けることができ、経営者に欠かせない柔軟な発想力や判断力の基礎となることである。

「人生１００年時代で、定年後の起業が当たり前のように考えられる時代。また今の社会では、個性を生かし創造していく力が求められる。ＭＢＡ取得で、社会に貢献するための実践力が身に付く」（飯野氏）

学べる環境が整う

将来の仕事に役立つ人脈が得られるのも、国内ＭＢＡの大きなメリットだ。学べる環境も整いつつある。

「一橋大や早稲田大のように学校側も近年人数枠を広げる傾向にあるほか、中央大のように中高年の積極的な受け入れを明言している学校もある」（鄭氏）

国内MBA大学院は大きく分けて、全日制と、夜間・土日などのパートタイムの2種類がある。

さらに国公立と私立があり、学費が倍以上違うこともある。まず通いやすさや費用負担から絞り込むのが現実的かもしれない。

教育内容については学校によってカラーがあり、論文を重視する「研究」系と、ケーススタディーを中心とする「実務」系、その中間に分かれる。

さらに研究したい分野や指導を受けたい教授などによって選ぶ方法もある。

実際の雰囲気をつかむためにも、大学説明会には積極的に参加したい。

大学受験とは違って、必ずしも学校の知名度にこだわらなくてよい。ただし人気のある学校ほど優秀な教授が集まる傾向はある。

またMBAという称号自体の浸透度が低い中、ネームバリューのある大学のほうが価値を理解してもらいやすいといえるかもしれない。

人気の高い一橋、早稲田などでは倍率は表向き4~5倍程度だが、さらに企業推薦枠を設けている学校もあるため、実際は10倍近くになることもあるという。

準備は自分の棚卸し

各大学、年に1〜2回、9〜2月に試験を実施している。

試験科目は論文と面接で、英語も課す場合がある一方、面接のみのところもある。

面接では願書と共に提出する「研究計画書」について掘り下げた質問がなされる場合が多い。

研究計画書は志望動機や大学院での研究テーマ、修了後のキャリア計画をまとめたものだ。

「これまでの仕事経験や課題意識、将来のキャリアデザインを含めた、自分の『棚卸し』が重要な作業となる」(諏訪氏)

大学受験のイメージで難関と捉えられることが多いが、MBA受験では暗記力よりむしろ、自分のやりたいことや考えを言葉として他人に説明できる力が求められる。

「第2の就職活動」のようなものと捉えるとわかりやすい。

ハードルが高いのは研究計画書だが、大学で論文の形式を学んでいれば独学でも書ける。

また実務系の大学院では研究計画書提出を求めないところもある。こうした学校はとくに、準備が短期間でも合格できる可能性は高い。

予備校に通うべきか

予備校に通うメリットは、さまざまな情報へのアクセスが容易になること。過去の試験問題などはもちろんのこと、例えば学校選びの時点でも、各大学はカリキュラムや教授陣などを公開しているものの、情報が繁多で一般人にはわかりにくいのが現実だ。

そこを予備校が読み解いて伝えてくれる。予備校に通ううち、志望大学が変わるのもよくあることだ。

「ＭＢＡを取ると決めたが、実際何をすればよいかわからない」「取ったほうがよいのはわかるが、将来求める道がはっきりしない」といった人も、予備校での学びをきっかけに、徐々に具体化させていくことも多い。

国内MBA受験の流れ

時期	やるべきこと	注意点	試験対策
12カ月前	志望校の研究	費用、全日か夜間か、勉強したいテーマなどで志望校を絞り込む	自己分析
6カ月前	予備校を決める・入学	資料や説明会を参考に合う予備校を選択。自分でできそうなら独学という選択肢も	研究計画書の作成 小論文の練習
	大学院の説明会出席	大学院の雰囲気や担当教授、出席者の傾向を確認	
3カ月前	出願校の決定	学校によっては模擬授業もあるため、複数受けて自分に合う学校かどうかを判断	
2カ月前	出願のため大学時代の成績証明書などを手配	夜間の大学は在職証明書や上司の推薦状が必要なこともある。出願書類をしっかりチェック	
1カ月前	出願 秋入試 9〜12月 冬入試 12〜1月	冬入試の合格者は秋入試に比べて少ないことも。ただ年によって変動する	過去問演習 面接対策
受験			1次筆記試験 2次面接

（出所）NIKKEN MBA lab. への取材を基に筆者作成

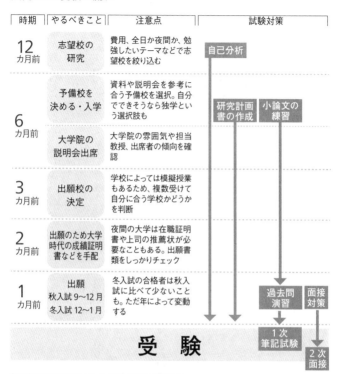

過去の経験やプライドにこだわらずに

中高年へのアドバイスとしては、過去の経験やプライドにこだわらず受験に向き合うことだ。

大学院に入れば自分より若い学生と肩を並べ、意見を言い合うことになる。「若い人に交じって学べるか」は面接でもよく聞かれる事項だという。

このように、MBA取得は目指す過程そのものが中高年にとっての学び直しとなる。定年までの10年、20年、さらにその先のステージを見据えるきっかけになるだろう。

目標達成のポイント

- 経営に必要な力の基礎に
- 将来の目標を明確にする
- 予備校利用も有効に

統計学を学び「データサイエンティスト」に

データ分析の専門家を目指すには統計学の勉強が必要になる

西　紘永（REMI株式会社　執行役員）

データドリブンという言葉をご存じだろうか。

それはデータに基づいて判断やアクションをしていく考え方を指す。

データドリブンな経営にシフトしていく会社が増えていく中で、昔ながらのK・K・D（勘・経験・度胸）による経営を行っていると、時代に取り残されてしまう。

「データサイエンスは若い社員に任せておけばよい」と思っている人は要注意だ。

実際にデータ分析をする立場でなく、データを基に判断をする立場だとしても、それを正しく読み取る力が必要になってくるからだ。

今は至る所にデータがあふれているが、データは玉石混淆《ぎょくせきこんこう》で、私たちをだまそうと意図的に作られたグラフや、不十分な分析結果が掲載されているサイトもある。

それらをただ鵜呑《うの》みにせず、真贋《しんがん》を見分ける目を養っていくためにも、データを扱うスキルは重要だ。

記述統計学

データサイエンスの基本は統計学である。

統計学は、情報を整理することでデータの性質や特徴を見いだしたり、あるいは既存のデータからより大きな集団のデータや、将来のデータを推測したりする学問のことだ。

大きく「記述統計学」と「推測統計学」の2種類に分類することができる。

記述統計学は、大量のデータを整理して、表やグラフなどに落とし込み、データの特徴を探っていく。

一方、推測統計学は、一部のデータから全体のデータを推測する統計学だ。

ビジネスの現場ではどちらも活用されるが、より多くの場面で使われるのは記述統計学である。

私たちが何げなく使っているエクセルでの表やグラフ作成なども記述統計学の1つだ。まずは、基本的な記述統計学から学んでみたい。

知識をインプット

統計学の勉強は、インプットとアウトプットの両方が重要だ。

統計学に関する知識を詰め込む。

そして、その知識を基に実際の計算や分析で活用してみる。

インプットの方法として最もシンプルなのは、統計学に関する本を読むこと。

最初は簡単な入門書でよい。

1冊をしっかり読み込み、概要をつかむ。

とはいえ、入門書といえども数式が多く、数学への苦手意識が強い人には少しハードルが高いかもしれない。

そういう人ははじめにスクールに通ってみるのもよい。

プロから直接教わるのは、理解しやすい。すぐに質問して解決することもできる。

多少お金はかかるが、時間は節約できるし、途中で諦めてしまう可能性も低くなる。結局、スクールで学ぶほうがコストパフォーマンスはよいことも多い。

昨今、ビジネスパーソン向けの統計学セミナーも増えている。セミナーを選ぶ際は、講師の経歴にも着目するのがポイント。講師が民間企業での勤務を経験していたり、企業におけるデータ活用のアドバイザーやコンサルティングの経験があったりするほうがよい。学んだ統計学の知識をどのように実務でアウトプットしていけばいいのかなど、ビジネスへの活用方法を知ることができる。

総務省による「社会人のためのデータサイエンス入門」といった受講料無料の講座もある。ほかにもデータサイエンティストを目指すための講座を自治体が行っているケースがある。

ご自身の地域でもこういったデータサイエンスや統計学を学べるような講座がないか調べてみるとよい。

ユーチューブなどの無料の動画コンテンツでも統計学の基本を学ぶことができる。

統計学の学習イメージ

インプット
整理
アウトプット
入門書を読み込むか、
スクールへ入学
学んだ内容を文字に
起こして整理してみる
Excelなどのツールで
整理、分析

概要や基本を学ぶ程度であれば、これで間に合うかもしれない。

オンラインの統計学の講座を受けてみるのもよい。無料コンテンツに比べ、適切な流れで体系的に学習できるほか、エクセルなどでのデータ分析の練習も交えながら学べる講座もある。

どうアウトプットするか

学んだ統計学の知識を実務で使えるようになるためには、アウトプットが必要だ。

その方法について紹介したい。

まずはインプットした知識を基に、実際にエクセルなどのツールを活用して、データの整理、分析などを行ってみる。過去の商品の売り上げを表にまとめてみる、といった簡単なところからで構わない。

表にまとめたら、そのデータをピボットテーブルなどの機能を使って、さまざまな角度から集計し直し、特徴を探ってみよう。

ピボットテーブルはクリックやドラッグ&ドロップといった簡単な操作でデータ集計の方法を変えることができる機能である。さまざまな視点からデータを分析することが可能になる。

ほかにも収集したデータに対し、相関分析や回帰分析などの分析を行ってみて、今後の売り上げアップにつながるような施策を検討してみる。

このように具体的なアウトプットをしていくと、データサイエンティストに必要な分析のスキルが養われていく。

もしエクセルを使った分析方法がわからないなら、まずは自分で調べながらトライしてみよう。

なぜならデータサイエンティストには、自分で調査して思考するといった課題解決のスキルが重要になってくるからである。

ピボットテーブルの分析

	列ラベル（合計／売り上げ）				
	塩おにぎり	鮭おにぎり	梅おにぎり	昆布おにぎり	総計
3月1日	60	25	15	16	116
3月2日	24	100	15	48	187
3月3日	36	100	45	48	229
3月4日	60	50	75	16	201
3月5日		200	75	80	355
3月6日	60		30		90
3月7日		225		32	257
3月8日	48	75	30	80	233
総計	396	950	405	400	2,151

行ラベル

エクセルを使った簡単な統計分析のやり方くらいであれば、ネット検索でも情報が出てくるので、自ら調べつつ統計分析の方法も学んでいける。

学んだ内容を資料にまとめ、文字起こしをしてみるといったアウトプットも効果的だ。実際に文字に起こして情報を整理してみると、理解できていないポイントが浮かび上がる。

私自身も、統計学初学者の状態から勉強を始めて約半年で統計検定２級に合格することができた。

その際に役立ったのは、学んだ内容を整理するアウトプットだった。

文字として書き起こしたり、勉強した内容をブログの記事にまとめたりして発信していくことが知識の定着、確認につながった。

目標は「人に説明できる」

最強のアウトプットは、学んだことを人に教えることだ。

シンプルだが、人にきちんと説明ができないうちは、自分自身の理解も不足しているということ。

説明の準備段階で不明点が出てくれば、そこが自分にとっての知識の穴。それに気づくことが深い理解となる。

予想外の質問をされ、それがまた学びになるということもある。「まずは人に説明できるようになる」ということを目標にしたい。

現代のビジネスパーソンには、データをよく理解し、それを上手に活用していくようなスキルをぜひ身に付けてほしい。

目標達成のポイント

・基本的な記述統計学から学ぶ
・入門書をしっかり読んでみる

・身近なツールで整理・分析する

「Ｗｅｂマーケティング」に挑戦

初心者でも気軽にＷｅｂマーケティングを実践できる方法がある

西　紘永（ＲＥＭＩ株式会社　執行役員）

Ｗｅｂマーケティングは、Ｗｅｂを使ってビジネス上の目的を達成するための手段のことを指す。

例えば、「売り上げを増やしたい」「集客をしたい」といった目標を達成するために行うＷｅｂ上の取り組み全般がＷｅｂマーケティングである。

Ｗｅｂマーケティングで重要なのは実践だ。

どんなに専門書を読んでも、結局経験してみないと身に付かないのがこの分野だ。「１＋１＝２」といったような明確な答えはない。本のとおりに実践しても効果が小さいケースがある。

Webマーケティングの学習イメージ

施策検討
Plan
集客するため
何をするか
実践
Do
ブログ立ち上げ
などで試してみる
効果検証
Check
分析ツールなども
使って調べてみる
課題改善
Action
初心者は学びながら
軌道修正していく

そのため、仮説を立てて（Plan）実行し（Do）、効果を検証し（Check）、改善してみる（Action）ことが大切だ。

PDCAサイクルを回していく中で、Webマーケターとしての感覚が養われていく。

初心者でもWebマーケティングを実践できる方法として、ブログの運営がある。

自身で立ち上げ、集客の実績を残すことで、仕事を受注する際のポートフォリオとして役立てられる。

ブログを運営してみる

ブログは、役に立つ情報を記事として発信するメディアをイメージしてもらいたい。

40～50代の方であれば、これまでご自身のキャリアの中で得てきた経験や知識を発信することで、ほかにはないオリジナルな情報のブログを作れるだろう。

雑記のようなジャンル不特定のブログではなく、特定のジャンルに絞り込んだブログを運営するほうが、サイト自体の専門性も高まり、検索で上位に表示されやすい。

また、ブログ運営をする際は、無料のブログサービスを使ったものでなく、「ワードプレス」といったCMS（Contents Management System の略。コーディングなどの知識が不要で、簡単にWebサイトなどのコンテンツを作れるシステム）を使ったブログにしよう。

なぜなら、無料サービスだと、作ったブログがサービス終了に伴い消えてしまうおそれがあったり、機能面でできることが限られる場合が多かったりするからだ。

ワードプレスを使ったブログを運営してみると、ワードプレスやSEO（検索エンジン最適化）、ライティング、Webサイト分析など幅広いスキルを身に付けるきっかけがたくさんある。

ブログ運営をすることで、SNSマーケティング、広告運用など、さまざまなマーケティング手法との連携も可能で、効率的かつ実践的に学べる。

ブログのテーマを決めたら、まずは最終目標と、それを達成するための小さな目標を設定する。

「PV（ページビュー）数を増やす」などの抽象的な目標ではなく、定量的な目標を立てる。「月間10万PV」「週3回記事更新」などがよい。それにより、達成度も具体的になる。

目標を設定したら、ブログ運営を始めてみよう。

本来はもっと戦略を練る必要があるが、初心者は考えすぎてもダメだ。

実際の運営で学びながら軌道修正していく。課題や不明点をその都度調べながら知識の幅を広げていく。

もし深掘りしたいテーマ（SEOについて学びたい、広告運用について学びたいなど）が明確になれば、そのときにスクールに通うことなどを検討するのもよい。

成功事例を参考にする

ブログ運営の際、初心者に意識してほしいのは、「うまくいっているブログのやり方をまねする」ことだ。

世の中には成功事例がたくさんあるので、そのやり方を参考にしない手はない（もちろんコンテンツ自体の盗用はNG）。それにもかかわらず、自己流で行う人が意外と少なくない。

WebサイトならばSimilarWeb（シミラーウェブ）などの分析ツールで調べ、多くの集客ができているサイトを成功事例として参考にしよう。

そのサイトが成功している理由を分析しながら、足りない点を自らのマーケティングに取り入れてみよう。

参考にする本やサイトを探すときには、「情報の鮮度を確認する」ということが大切だ。有効な施策は時代によって大きく変わる。

最新の情報を

検索エンジンにおける上位表示のアルゴリズムは定期的に変わるため、かつて正しいとされていたSEO対策が今では通用しないケースもある。

古い情報は現時点では正しくない情報になる可能性があるのだ。

古本や長期間更新されていないWebページなどを使う場合は、その情報が今でも通用

Webマーケティングの学習場所

本、ブログ
動画コンテンツ
セミナー、スクール
鮮度に注意しながら情報を引き出す
ピンポイントでわからない部分をチェック
サポート体制などをよく確認してから参加

するものなのか、よく注意する。

本などからつねに知識や情報を引き出すことは重要だ。知識の積み上げがないと、自分のできることの範囲でマーケティングを考えることになるからだ。

「世の中にはこんなマーケティング手段があって、この場面ではこの方法を使ったほうがよい」というように、場面に応じて使い分けしたい。

わからないことがあれば、ブログ記事などを調べてみるのもよい。

ユーチューブやＵｄｅｍｙ（ユーデミー）などの動画プラットフォームでも学ぶことができる。

ただし、ユーチューブでは数年前の動画も関連動画として出てくることがあるので、情報の鮮度には注意したい。

ユーチューブは体系的に学ぶよりも、ピンポイントでわからないことがあったときに参考にするのがよい。

実践的に学べる教室を

ブログ運営を始めることにハードルを感じる場合、Webマーケティングのスクールに通うのもよい。

ただ、実践的に学べるプログラムの有無や内容、質問に対するサポート体制などを確認したい。授業を受けるだけでなく実践を通して学べるスクールでないと実務で使えるようなスキルは身に付きにくい。

オンライン形式のセミナーも増えた。

Peatix（ピーティックス）やTECH PLAY（テックプレイ）などのセミナープラットフォームでも多くの講座がある。

書籍で理解ができなかった部分などは、セミナーに参加して講師に質問してみるのがよい。

マーケティングの思考とは、ユーザーの目線で見ることだ。

例えば、日々の自分の行動をマーケティング視点で考えてみる。

スーパーには、パッケージ、価格、配置などにおいて、買ってもらうためのさまざまな仕掛けがある。

自分が買った商品について、「なぜ自分は数ある商品の中からこれを買ったのか」を考えてみる。

ネット検索のときは、「なぜそのWebページを開いたのか」など、自分の行動を振り返ってみよう。

日頃からユーザー目線で考える訓練をすることで、実際に自分がマーケティングを行う側に立ったときに、ユーザーに寄り添った施策を考えやすくなる。

実際の生活を通じて、マーケティングを学んでいくことが大切だ。

目標達成のポイント

・ブログ運営で感覚を磨く

・具体的な目標を設定する
・成功事例をまねてみる

デジタル人材の花形「情報セキュリティ」の資格を

企業のセキュリティ対策を担える人材になるために必要なこととは？

酒井麻里子（ITライター）

ITの高度化やリモートワークの普及、そしてサイバー攻撃の巧妙化などに伴い、情報セキュリティの知識を持つ人材が重要視されるようになっている。

セキュリティを基礎から学びたいとき、1つの選択肢となるのが、資格取得を通して知識を身に付ける方法だ。

「情報セキュリティマネジメント試験」

ビジネスパーソン向けの資格試験には、「情報セキュリティマネジメント試験」がある。

これは、2016年にスタートした新しい国家試験で、「組織の情報セキュリティ確保に貢献し、脅威から継続的に組織を守るための基本的なスキルを認定する」試験と位置づけられる。

業務で個人情報を扱う人や、情報管理を担当する人などの受験を想定しており、情報セキュリティの知識全般に加え、関連して知っておく必要のある法律や技術、マネジメントに関する問題も出題される。

例えば、大分類「技術要素」では、サイバー攻撃の手法やセキュリティ技術、リスク分析と評価といった内容が、「企業と法務」では、不正アクセス禁止法やサイバーセキュリティ基本法、個人情報保護法といったセキュリティに関連した法務関係の知識を問う問題が出題される。

「コンピュータシステム」では、データベースやネットワークなどの技術的な知識を問う出題もある。

さらに、プロジェクトマネジメントやサービスマネジメント、企業のシステム戦略といった分野からの出題もあり、業務でセキュリティに携わるときに必要な知識を身に付けることができる。

情報セキュリティマネジメント試験は、2023年からCBT方式により年間を通じて随時実施。https://www.jitec.ipa.go.jp/sg/

２０２３年度からは通年試験に

４段階のレベルに分かれている情報処理技術者試験の中で、下から２番目の「レベル２」に当たり、合格率は２０２２年６月に実施された試験で61・２％と難易度はそこまで高くないので、市販の参考書や問題集で学べば独学で合格できるのではないか。

過去問については、試験方法がコンピュータで解答するＣＢＴ方式となった20年以降は非公開となっているが、マークシート形式で実施されていたそれ以前のものは公式サイトからダウンロードが可能だ。

試験案内サイトからＰＤＦも入手できる『職場の情報セキュリティ管理者のためのスキルア

ップガイド』『情報セキュリティスキルアップハンドブック』は、企業のセキュリティ管理者に必要な知識がわかりやすくまとめられている。

試験対策本というわけではないが、試験範囲と重なる部分も多い内容となっている。

これまでは年2回の試験実施だったが、23年4月からは受験者が都合のよい日時を選択して受験する通年試験となった。

スケジュールの面で、より受験しやすい資格試験となった。

通年試験化に伴い、23年度以降は出題形式が変更された。

出題範囲の変更はないが、一部の問題がコンパクト化され、試験時間が短縮されたという。

基礎知識は、後述のようにWeb上に公開されているコンテンツなどを通して得ることもできるし、書籍で学ぶ方法もある。

とはいえ、資格試験は、「必要な知識が体系的に身に付く」「試験日に向けて集中的に学べる」という意味でメリットがある。

筆者自身、この試験が始まって間もない時期に受験して合格したが、試験日に向けて勉強することで、比較的短期間でまとまった知識を身に付けることができた。

「いつか勉強しなくては」と思いつつ着手できずにいる人にとって、試験という目標に向けて学ぶことは有効な方法になる。

膨大な資料から絞り込む

情報セキュリティについての知識が得られるコンテンツを探しているなら、「情報セキュリティ対策支援サイト」を開いてみるとよい。

これは、先述の情報セキュリティマネジメント試験をはじめとした情報処理技術者試験の試験事務を担う団体でもあるＩＰＡ（情報処理推進機構）が無料公開しているポータルサイトで、同団体が提供する情報セキュリティに関するさまざまな資料や学習コンテンツを見ることができる。

「情報セキュリティ診断」では、質問に答えていくだけで現在の自社のセキュリティ対策が適切かどうかをチェックでき、結果に応じたコンテンツが推薦される。サイト内の資料数は膨大で、必要なものを的確に見つけ出すのは大変だ。診断結果による推薦がガイド役

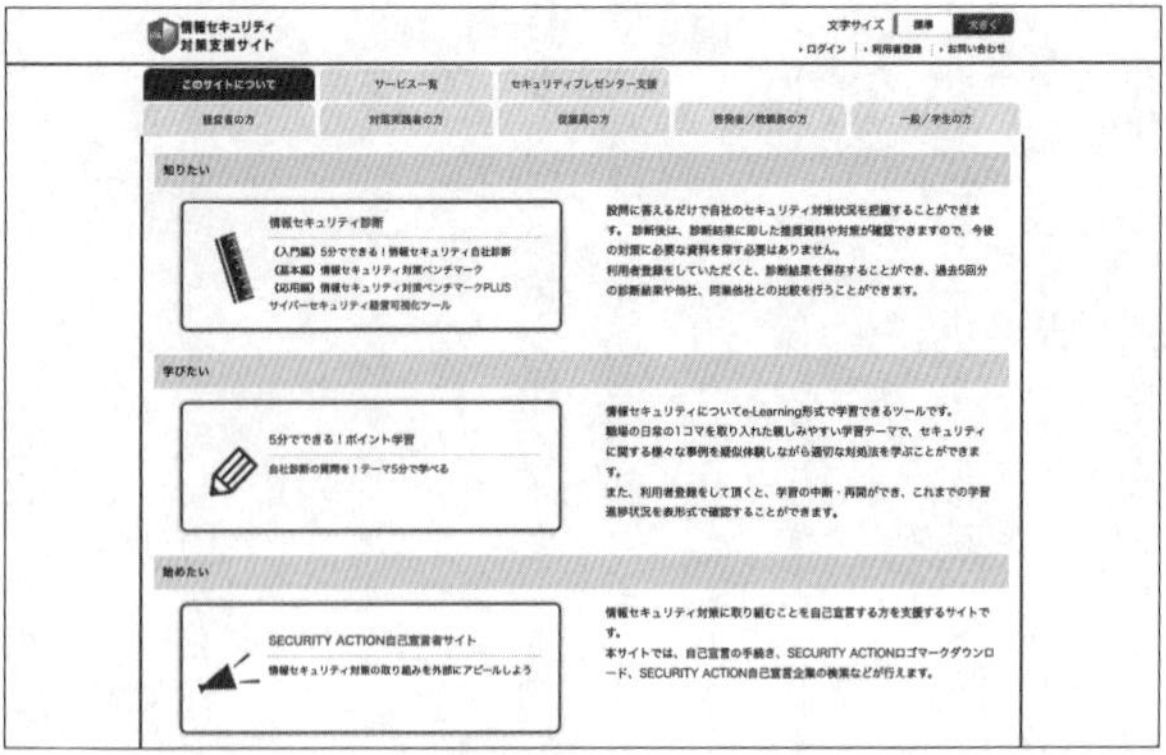

IPAの「情報セキュリティ対策支援サイト」には豊富な資料がそろう

を果たしているので、まずは診断を実施して、そこで提案されるコンテンツに移動するのがよい。

講座形式で学びたい場合は、「5分でできる！ポイント学習」がお薦めだ。管理者向け、従業員向けなどのコース別に、オンラインの無料講座が用意されている。

例えば、経営者・管理者向けのコースには、「重要な情報資産の取り扱い」「スマートフォンの職場使用」などのテーマがあり、1テーマ5分程度のスライドとテーマごとの確認テストで構成されている。

空き時間に知識の拡充を図ることが可能だ。

このほかにも、新入社員向けから管理職・経営層向けまでさまざまな資料がそろう。

対象者や目的、キーワードで絞り込んで検索できるので、「このテーマの資料が欲しい」など、ピンポイントで必要な情報を探している場合は、検索機能を使うとよいだろう。

より楽しみながら学べるコンテンツもある。

情報セキュリティに関する啓発や調査を行っているＪＮＳＡ（日本ネットワークセキュリティ協会）は、公式ツイッターで『みんなの「サイバーセキュリティコミック」』という漫画を配信。

20年から続くシリーズで、２０２３年3月時点でシーズン3まで公開されている。過去の作品も含め、すべてツイッター上で無料で読める。

ランサムウェアやリモートワークのトラブルなど、身近に起こりうる話題をテーマに気軽に知識を得ることができる。

ＪＮＳＡのサイトにも、さまざまな資料があり、セキュリティの最新の話題を取り上げたメールマガジンも配信されている。

情報セキュリティに、堅苦しい、難解というイメージを持つ方もいるかもしれないが、ネットやデジタル端末を利用する人なら誰にでも関係のある身近な問題だ。

業務のために学んだことが、プライベートで生かせるような場面もある。
セキュリティの知識を持つことは、今の時代を生きるうえで欠かせないことでもある。

目標達成のポイント

・体系的に学ぶなら資格取得
・2023年からは受験しやすくなった
・無料コンテンツも充実

独立を目指すなら「ビジネス法」の知識

民法や労働法の基本的な知識があると役立つ

白川敬裕（原・白川法律事務所　弁護士）

法律の知識は自分の身を守り、ビジネスを発展させるのに役立つ。起業を目指すならなおさら、身に付けておきたい。

ビジネスに関する代表的な法律としては民法、労働法などがある。

ただし法律を丸ごと学ぶ必要はない。会社経営に必要な条文は一部に限られているからだ。「民法を含む民事法」の中で知っておきたいのは、契約や不法行為などに関わる条文、消費者契約法、労働契約法などである。

近年ではとくに知的財産の権利、著作権や商標に関する知識があったほうがいい。トラブルが多く見られるからだ。

また、できれば民法などの法改正にも気を配りたい。

40~50代が仕事を持ち、家庭生活を営みながら勉強するのであれば、使える時間は限られる。

膨大な法律の中からビジネスに役立つ知識を見つけ、的確に身に付けていく必要がある。

インターネットや書籍を有効に活用したい。

入門書で全体を把握

まずネットで「起業」「法律」などと検索してみるとよい。

例えば労働法ならば、厚生労働省のサイトなどに、人を雇用するうえでの必要な知識がまとめてある。先に挙げた法改正の例も、「法改正に当たって」などの公式なガイドラインが発表されている。

ネット検索の際には検索能力や、有効な情報源を見極める判断力がものをいう。検索で上位に出てくる情報源は多くの人が調べており、有効な情報である可能性も高い。

書籍を参考にする場合も効率を重視したい。

全体を網羅した教科書的なものをじっくり読む時間はない。全体をつかむために、それこそマンガや多めの図表で解説した入門書を読むぐらいでよい。

入門書を選ぶ際にはまず、著者がポイントとなる。学者の書いた専門的な教科書よりは実務家がまとめたビジネス書のほうがわかりやすいことが多い。

ここでもネット検索は有効だ。通販サイトのレビューも参考になるだろう。

起業が具体化したときは、弁護士や税理士といった専門家に相談するケースが生じるかもしれない。

自分の勉強も必要だが、普段から意識してネットワークを確保しておきたい。知り合いのつてがなければ、専門家へのアクセス方法も確認しておくとよい。

行政書士などの資格取得も

体系的に知識を身に付けるために、資格試験を活用するのもよい。

とくに行政書士は書類申請に関わる資格で、分野による専門化も見られる。継続的に勉強して、資格を取得すれば、行政書士としての独立・起業も可能となる。

行政書士試験の受験者数

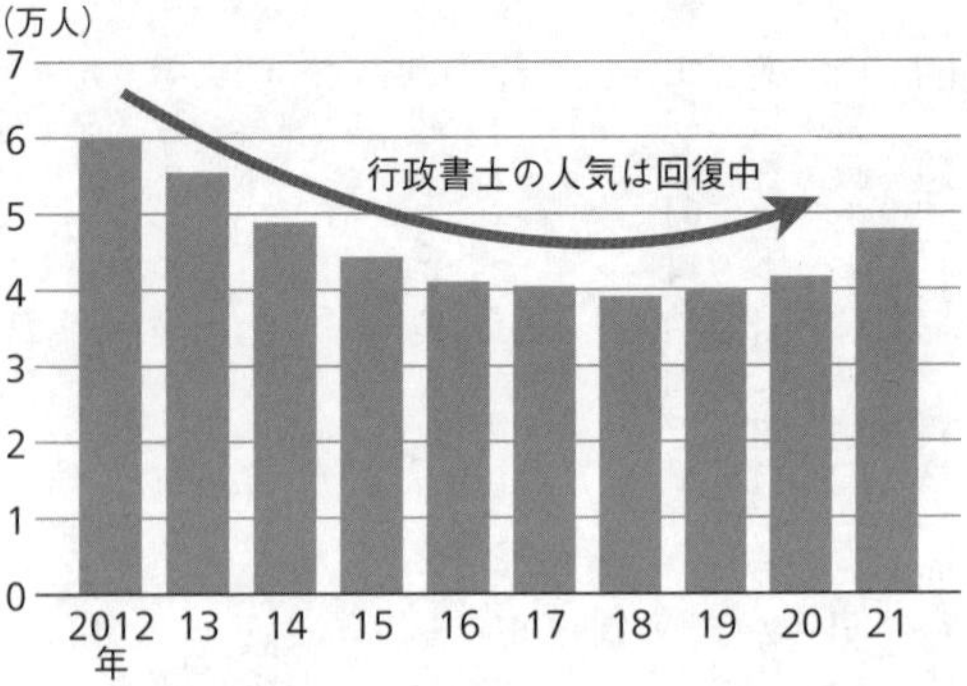

(出所)行政書士試験研究センター

もちろん、会社経営のうえでもムダにはならないので、まず資格取得を優先するのもよいだろう。資格取得にはある程度のテクニックが必要で、予備校を活用するのがお薦めだ。

ただし、予備校に頼りきらないことも大事だ。科目数が多いので、入門書でイメージをつかみ、試験向けのテキストや過去問題集を繰り返しこなしていくのが基本的な対策となる。

目標達成のポイント

・書籍とネットを有効活用
・行政書士の資格を目標に

(構成・ライター　圓岡志麻)

「中小企業診断士」取得でキャリアの掛け合わせ

中小企業診断士の勉強は副業や兼業の可能性を広げる

吉岡名保恵(ライター)

40~50代のビジネスパーソンがビジネスに関連して学び直し、さらに副業にも結び付けられる資格をと考えるなら、中小企業診断士を目指してみてはどうだろう。

中小企業診断士は中小企業の経営課題に対して診断・助言を行う専門家で、経営コンサルティングに関わる唯一の国家資格。

弁護士や社会保険労務士のような独占業務はないが、幅広い知識を生かし、中小企業の経営や業務全体にコミットできる。

試験は年1回で、合格後は所定の実務従事などを経て、中小企業診断士として登録される。

学び直しや自己啓発、スキルアップの目的で合格を目指す人も多いが、登録有効期間は5年で、更新には30日以上の実務従事など要件を満たす必要がある。

ハードルが高そうに思えるが、補助金申請のサポートといった業務もあるので、会社員が週末に副業として従事しているケースも多い。

また各地の中小企業診断協会の下で研究会が開設されていたり、勉強や経験の場が用意されていたりするのも特徴だ。

そのため継続して学ぶ機会があり、資格を取って終わりにはならない。

だが実務の従事にせよ、大切なのは本人の意欲。

資格と自身の強み、キャリアを掛け合わせ、仕事を切り開いていけるのが中小企業診断士の面白いところなので、挑戦する価値はある。

自分の考えを捨てる

1次試験は「企業経営理論」「経営法務」など7科目。60点以上を獲得した科目は申請により3年間、受験免除される科目合格制度がある。

中小企業診断士登録までの流れ

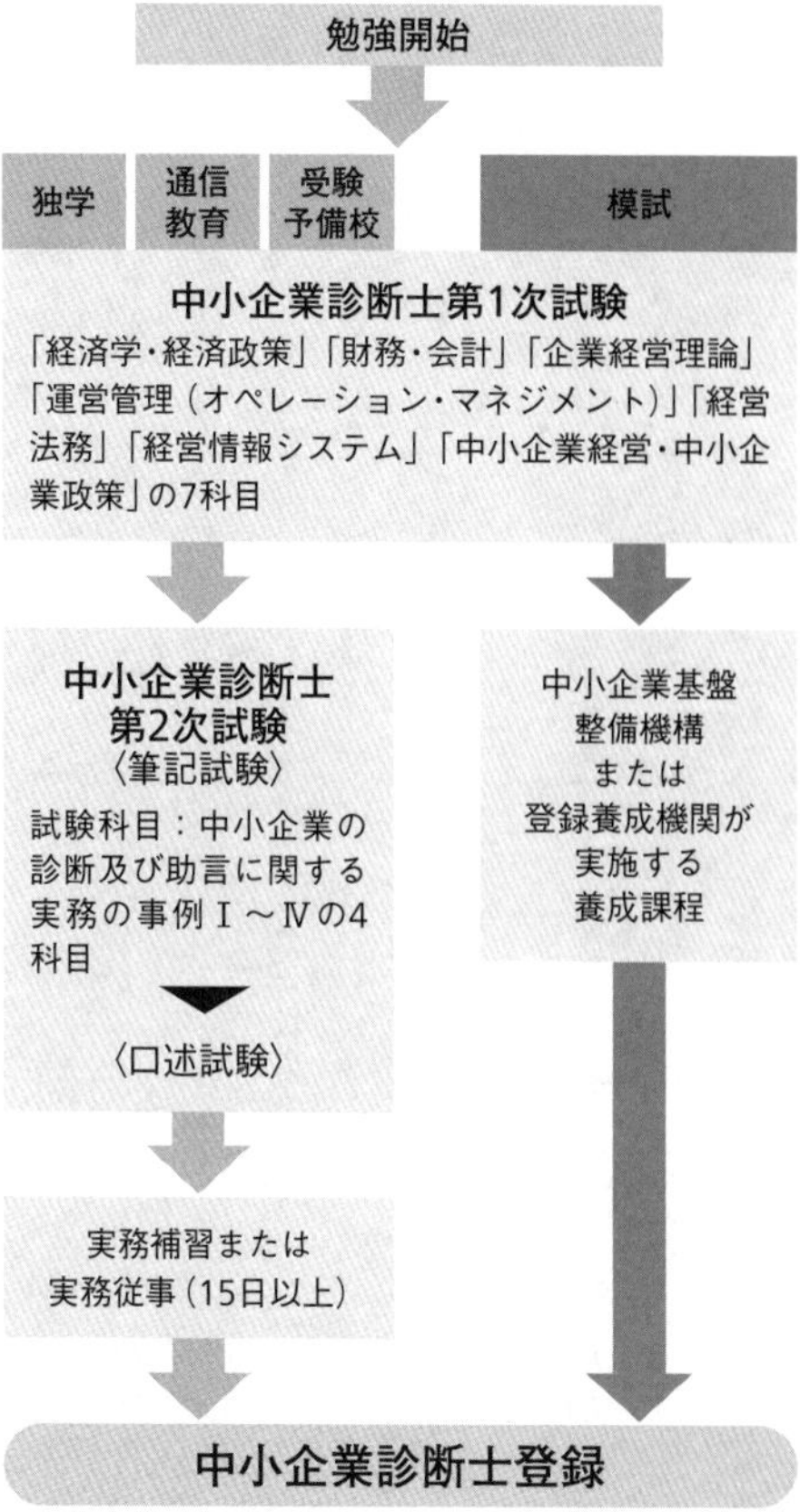

（出所）中小企業診断協会の資料などを基に筆者作成

苦手な科目もあるだろうが、受験者には必須であり、頑張って取り組みたい。

洞口智行《ほらぐちともゆき》氏による「ほらっちチャンネル」など、ユーチューブの動画配信を勉強の補足に使うのもお薦めだ。

独学ならTAC出版の『最速合格のためのスピードテキスト』と『最速合格のための第1次試験過去問題集』などが有名だ。

問題集は独自分析の本試験正答率が問題ごとに提示され、参考になる。また公開模試で客観的に自身の実力を測るのも有効だ。

2次試験は、与件《よけん》文として提示される中小企業実例のケーススタディーで、筆記と口述の2段階で実施される。

40～50代はこれまでの経験を踏まえて述べてしまいがちだが、いったん自身の考えを捨てるぐらいの覚悟で臨みたい。

会社員時代に勉強を始め、42歳で合格、その後独立した星雄仁《ほしゆうじ》さん（奈良市）は、自主的に開かれている勉強会に参加して2次試験対策を進めた。参加者同士の意見交換やOBによる添削指導が役に立ったという。

自分はいかに中途半端な知識で仕事をしてきたのか。
中小企業診断士の勉強を進めると、そんな思いに駆られる中高年もいるはずだ。

目標達成のポイント

・自身の強みを生かせる資格
・週末の副業にも最適

大学教員になりたい！　採用へ一歩近づく「論文術」

ライバルたちに打ち勝って教授になるためには何を書くべきか

塚崎公義（経済評論家・元大学教授）

ビジネスパーソンから大学教授への転身を考えている人も多いだろう。

確かにビジネスパーソンと比べると大学教授はいろいろと恵まれている。上司がいない、ノルマが少ない、研究内容を自分で選べる、といったメリットが多いわけだが、大学教授になるのは容易ではない。

それは、最近の大学が博士課程の定員を増やしすぎたため、「博士号は持っているけれども大学教員の仕事が見つからない」という人が多いからだ。

加えて、「天下り」ができなくなった官僚等々が大学教授を目指すようになったことも影響しているようだ。

ライバルたちとの競争の中で大学教授のポストを勝ち取るためには、ぜひとも教授会で評価されるような論文を書きたい。

理想を言えば、社会人大学院に通って博士号を取得するべきだが、そこまでは難しいという場合でも、論文は必要だ。

大学教授の価値観は「論文の数と質が人間の価値を決める」というものだからだ。

ビジネスとは異なる

では、論文を書くためにはどうすればよいか。

まず、論文とビジネスパーソンの書く文章がまったく異なるということをしっかり認識することだ。

筆者は銀行の調査部で多くの調査リポートを書いていたが、大学ではまったく評価されなかったのである。

論文は、経験や勘、常識といったものを否定して、論理とデータ分析だけで真理を追究するものだ、と考えておこう。

「ガリレオが大発見をしたのは常識を否定したから」ということで、常識を振りかざす文章は大学教授には読んでもらえないのだ。

それから、論文には独特の「作法」がある。

茶道のお茶会のようなもので、「お茶をおいしく飲んだり（内容の優れた文章を書いたり）すればよい」というものではない。

論文の作法をしっかり理解すること、先行研究をしっかり読んで、今まで誰も扱ったことのない研究で何とか論文が書けそうなテーマを見つけることが重要である。

もっとも、それさえできてしまえば、論文を書くこと自体は、それほど難しいものではない。

時間的コストが必要

「論文は、知恵がなければ汗で書け」といわれる。

他人が避けたがるような面倒なデータ入力などをしっかりこなせば何とかなる場合も多い。

例えば、米国の研究論文が何かを証明していたら、「日本のデータを使って同じ分析をしてみたら、日本でも同様のことがいえた（あるいはいえなかった）」という論文を書けばよいのだ。

とにかく多数の先行研究を読むこと、そこからアイデアをもらって大量のデータと格闘すること、論文の作法に従って論文を書いて論文集に投稿すること、などが大事である。

したがって、普通にビジネスパーソンが自己研鑽《けんさん》に励む、というのとは異なるレベルの時間的なコストと覚悟が必要だ。

出世競争の渦中にあるビジネスパーソンが片手間にできるようなことではない。

出世競争を諦めたら、時間が自由になるだろうから、ゆっくり取り組めばよかろう。

茶道の御点前《おてまえ》を独学で習得するのが容易でないのと同様に、論文の作法を習得したり題材を思いついたりするのは容易なことではない。

やはり、大学教授に教えてもらうのが圧倒的に効率がよい。

大学教授になるには、大学院に入学して博士号を取るのが王道である。

大学教授の価値観として、論文が重要であるわけだが、博士号の有無も非常に重要なのだ。

しっかり頑張れば、博士号は何とか取れるだろう。

こちらが頑張る姿勢さえ見せれば、多くの教授は手取り足取り指導してくれるので、言われたとおりに汗を流す。

論文の作法やトライすべき題材についても十分相談に乗ってくれる。

他人が嫌がることを

もちろん、誰でも簡単に書けるような論文は他人が先に書いてしまうだろうから、他人が嫌がるような面倒な作業を伴うものを書く必要があり、多大な努力を要することは当然で、その覚悟だけはしっかり持っておきたい。

最近は、大学院の定員が増えて大学院の学生獲得競争が激しいので、入学自体はそれほど難儀ではない。

社会人を受け入れるために夜間や週末の講義を積極的に行っている大学も増えてきた。

本来は、修士課程と博士課程の合計5年間、大学院に通うのであるが、多くの大学で

「修士号を持っていなくても、実力を示してもらえば博士課程に入学させることもありうる」としているので、自分で勉強して「実力」を認めてもらえるように頑張ってみるという選択肢もあろう。

いきなり博士課程に入学できれば、最短3年間で博士号が取得できるし、修士課程と比べて博士課程のほうが「出席しなければならない講義の数」がはるかに少ないので、遠隔地の大学であっても指導教官とメールなどで意思疎通ができれば何とかなりそうだ。

まずは、大学教授に「この人なら博士課程で指導してみたい」と思われることである。

そのためには、自分なりに勉強して、「この分野に興味があるので、米国のこういう論文を読んでみました。これを発展させて日本に関して何がいえるのかを研究したいです」などと言えるのが理想である。

もちろん、そこまで行かなくても、ある程度勉強して、先に進める熱意を示せればよいので、ぜひとも頑張ろう。

「自分は経済学を何も知りませんが、経済学の教授になりたいので、ご指導をお願いします」などと言う受験生を指導したいと思う教授はいない。

論文を書く

博士号を取得しなくても、しっかりした論文を書けば、大学教授になる可能性がないわけではない。

査読付きの論文集に掲載されれば、それなりに評価される。ちなみに査読というのは、優れた論文だけを掲載する論文集が掲載の可否を決める審査のことである。

あとは、論文を学会で発表して実力者の目に留まれば、可能性が出てくるだろう。

博士号を取得しなくても、修士課程に入学するだけで教員の指導が受けられるから、学費を指導料と割り切る考え方も可能である。

ただ博士号を持っているライバルが大勢いる中で大学教授の選考会議を通りたいならば、修士号だけでも取っておくとよい。

大学院に通わなくても実務としてデータを取り扱う仕事をしている場合には、実務家も広く受け入れている学会があるので、そこで研究者と懇意になるという手もある。

データ収集と分析を分業で行って論文を共同執筆すれば、学会報告などもやりやすいはずだ。

最後に確認しておきたいのは、論文を書いたり博士号を取得したりしても、必ず大学教授になれるとは限らない、ということだ。

コストとリターンと成功確率の関係から躊躇《ちゅうちょ》する人も多いかもしれない。

だが、教授になってしまえばこれまでとは異なる人生が送れるのは確かで、前向きに検討してみてはどうだろうか。

大学卒業直後に大学院に進学した場合、教授になれなかったときのリスクが非常に大きいが、ビジネス界である程度実績を積み重ねた人なら、成功しなくても生活に困り果てることは少ないだろう。

目標達成のポイント

- 論理とデータ分析を追究
- 面倒な作業が狙い目
- 査読付き論文集掲載を狙う

「仕事の英語」を上達させ、海外で通用する人材に

40～50代の英語の学び直しについて専門家がアドバイス

仲宇佐ゆり（ライター）

47歳の会社員Aさんは、2022年4月にオンライン英会話を始めた。米ニューヨーク支社に新設されたポストに手を挙げたいと考えたからだ。毎晩11時から25分間、フィリピン人講師とテキストに沿って会話する。英語を話すのは大学時代の夏休みにカナダに行って以来で最初は苦戦したが、半年で抵抗がなくなったという。

オンライン英会話の「レアジョブ」では、40～50代の受講生のほとんどが仕事で使う英語を目的に学んでいる。

勤務先に外国人が増え、話せなくても仕事はこなせるが話せれば業務の幅が広がるとか、

管理職になるときに有利など、必要性を感じている人が目立つ。

具体的目標があると速い

40～50代には記憶力の低下という不安材料があるものの、利点もある。

1つは自分の仕事に必要な英語の範囲が定まってくることだ。

医学系の学会でプレゼンテーションの機会をもらった、取引先との会議で質問したいといった具体的な目標がある人は上達が早い。

「目標を見据えて、そのためにどんな学習をすればいいか、ロジカルに組み立てることができる。英語を話せたらかっこいい、というフワッとした目標では組み立てられない。なぜ話せるようになりたいのか、何をしたいのかを明確にすることが必要だ」

レアジョブで学習者のカウンセリングをしてきた深井《ふかい》朋子《あきこ》さんはそう話す。

受講生を見てきて年齢のハンディは感じないという。

「40～50代はいろいろな経験をしているから話せる内容が豊富にある。話したい欲求が強い人のほうが上達が早いのは間違いない。英語を必要としている人が多いから、まじめに継続する傾向も強い」

ただ、この世代ならではの注意点もあるという。

1つの正解に向かって受験勉強をしてきた世代のためか、自分はこう教わったというこだわりが強く、「そこは in ではなく at だろう」などと指摘して立ち止まってしまう人もいる。

マインドセットを

そういう人は自分が間違えることへの抵抗感も強いことが多い。

「間違ってもいいからどんどん話さないと、うまくならない。正しさへのこだわりが強すぎると学習効果は低くなる。また、会社での役職や立場から外れて1年生になったつもりでチャレンジするほうが学習効率は上がる」

では、どんな学習方法がいいのか？

グローバル企業の英語研修の講師やコンサルティングもしている安河内哲也《やすこうちてつや》さんは、まずスタートラインでのマインドセットが大事だと話す。

英語が話せるというとユーチューブでネイティブに近いレベルで話している人たちをイメージするかもしれないが、それは違う。

「皆さんは、そのレベルにはそう簡単には到達できない。目指すレベルがずれていると、英語コンプレックスに悩み続けて、自分の英語に自信が持てないまま人生を終了することになる」

ユーチューブで英語を流暢《りゅうちょう》に話している人たちは人の何倍も勉強しているか、英語が話せるようになる環境で育った人だ。

それよりも例えばインドネシア人の輸入業者、ブラジル人の工場長のようなレベルを目指すべきだという。

ノンネイティブでビジネスをうまくやっている人たちだ。

NPO法人理事も務める安河内さんは、国際会議に出席し、ノンネイティブが一生懸命に話す英語が同じノンネイティブの参加者の心をつかむ場面を多く見てきた。

そもそも参加者は、英語のうまさよりも内容に興味がある。

「内容のほうが何十倍も重要だ。いくら英語が流暢でも内容がつまらなければ誰も寄ってこない。だから、間違いはあってても意味はしっかり伝えて、ゆっくり、はっきり、わかりやすい英語が何とかしゃべれるというのが、あなたが目指すべき目標である」

具体的な学習法としては、中学英語の文法を習得しながら、オンライン英会話で話す練習をする。

「現在の中学英語は、仮定法を含め必要な文法が入っているし、語彙《ごい》や表現も昔より増えている。基本的な文法の枠組みは中学英語で事足りる。中学英語の習得を当面の目標にしてほしい」

山田暢彦《やまだのぶひこ》監修『中学英語をもう一度ひとつひとつわかりやすく。』（学研教育出版）、濵﨑《はまざき》潤之輔《じゅんのすけ》著『中学校3年間の英語が1冊でしっかりわかる本』（かんき出版）など、大人の学び直しに使える参考書が何冊もある。文法の穴を埋めるのにも役立ちそうだ。

当然、語彙や表現は中学英語だけでは足りないので、自分の仕事に必要な専門用語も学習する。

翻訳アプリで必要な言葉をチェックするのもいい。

例文を覚えるなら、自分の専門分野で使いそうな文を暗記するといいという。

習慣化する

次ページの表のように目的に応じてスピーキングテストを受けるのもいい。

オンライン英会話は、スピーキングテストを目標にして受講する。

「話せるようになりたいなら話す以外に方法はない。音読などの自己練習も大事だが、シャドーボクシングばかりやっていてもボクシングはできない。オンライン英会話は練習試合だ」

週1回か2回のレッスンを受ければ、それに向けて必要な勉強をするようにもなる。

安河内さんは毎日朝か夜に25分か50分のオンライン英会話を欠かさない。さまざまな職業の人との会話を楽しんでいる。歯磨きのように習慣化するのが継続のコツだという。

安河内さんには40歳すぎから韓国語を勉強した経験がある。

「企業の英語研修では40~50代のクラスは盛り上がる。恥をかくことに抵抗がなくなるからだ。完璧なレベルを諦められるようになる。反射能力は多少低下するかもしれないが、そのデメリットを上回るメリットがあると思う」

主なスピーキングテスト ― 目的に応じて試験を選ぶ

名称	試験時間	受験形式	料金	運営団体	特徴
TOEIC Speaking Test	20分	試験会場でPC	6930円	国際ビジネスコミュニケーション協会(IIBC)	日常生活とビジネスにおける話す力を測定。音読、写真描写、自分の意見とその理由を話す問題など
TOEIC Bridge Speaking & Writing Tests	スピーキング約15分 ライティング約37分	試験会場でPC	9350円	国際ビジネスコミュニケーション協会(IIBC)	初級・中級者対象。日常生活における英語の話す、書く力を測定。音読、写真描写、聞いた内容を伝えるなど
VERSANT(ヴァーサント)スピーキングテスト	20分	スマホ、PC	5500円	日本経済新聞社・ピアソン	聞いて答える即時性をはじめ、仕事で使える実践的な力を測定。音読、復唱、文の構築など
PROGOS(プロゴス)	20分	スマホ、PC	アプリ版は現在無料	プロゴス	文の構築、聞いた内容を伝えるなど仕事で使える力を測定。表現の幅、流暢さなどのほか、コミュニケーションの目的達成度も評価。プレゼン、ロールプレーなど
E-CAT(イーキャット)	30分	PC	5280円	iTEP Japan	初級～中・上級者向け。発話時間が長いが難易度は低めに設定。自己紹介、写真・資料を見て話す、意見表明など

(出所)各資料などを基に筆者作成

目標達成のポイント

・中学英語の文法を習得
・並行してオンライン英会話
・必要な専門用語を追加

学び直しが深まる「情報収集術」

ネット検索の精度において、差がつく3つのポイントとは?

野崎篤志(イーパテント社長/知財情報コンサルタント)

世の中には情報が氾濫しており、目的の情報を調べようと思っても見つけられないことも多いのではないだろうか。

最近ではリスキリングやアップスキリングというキーワードに注目が集まっており、時代の変化に合わせて、新たな知識・スキルを獲得する必要に迫られている。

ここでは新たな知識を得るための情報収集のコツについて紹介しよう。

まず、当たり前のことかもしれないが、情報収集の目的を明確にすることである。漫然とインターネットの海をさまよったとしても、自分が欲しい情報であるか否かの基準が明確になっていなければ、単なる時間の浪費になってしまう。

目的を明確にしたうえで、情報収集の手段について検討する。

その際、ストック型とフロー型の2種類の情報をうまく使い分けるとよい。

ソーシャルメディアやニュースなどが典型的なフロー型の情報であり、インターネットや書籍などがストック型の情報である。

体系的な情報は本で

ストック型であるインターネット情報は手軽に収集できるが、断片的なものになりがちである。

そのため、あるテーマについての知識を体系的に習得したいのであれば、インターネット情報をつまみ食いするよりも、そのテーマに関する書籍を数冊購入して一気に読み込むとよいだろう（書籍とは紙の書籍だけではなく電子書籍も含む）。

その際、読み物的な軽いものから新書のような入門書、専門書といったように書籍の種類にバリエーションをつけるのがお薦めである。

自分にとって新しい分野であれば、読み進めていく間にわからないことも多々出てくる

情報の種類—ストック型とフロー型

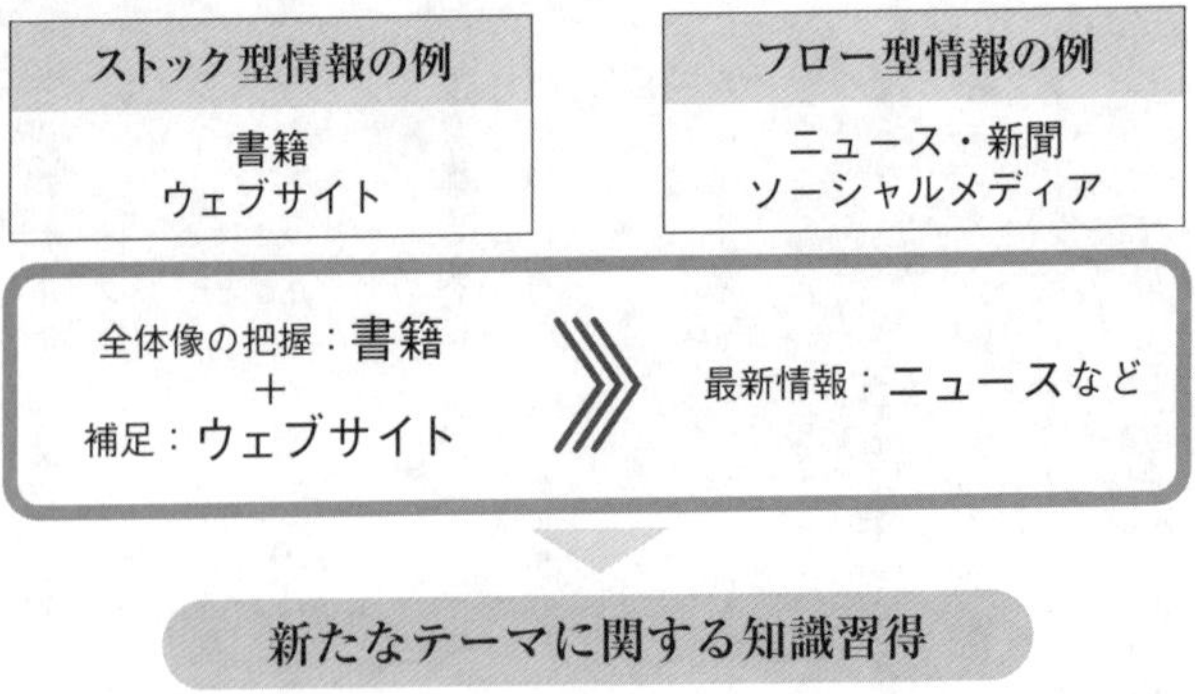

かもしれない。

しかし、まずは一通り目を通せば、漠然とした状態であってもその分野の全体像を把握することができる。全体像を把握したうえで、理解が足りないテーマや興味あるトピックについてインターネットなどで情報を補足すればよいだろう。

古いデータになるが、文化庁の平成25年度「国語に関する世論調査」によれば40~50代で1カ月に1冊も本を読まない割合は40%以上という驚くべき結果がある。

つまり本を読むだけで手軽にビジネスパーソンとして差別化ができるのである。

最近ではビジネス系のユーチューブ動画も多数アップされており、非常に参考になるが、書籍による情報収集が能動的であるのに対し、動画による情報収集はどうしても受動的になりがちであるため、私としては情報収集の第一歩として書籍をお薦めしたい。

情報収集の第一歩として書籍の有効性を強調したが、インターネット上には膨大な情報が蓄積されているので、これを活用しない手はない。

検索3つのポイント

ただし漫然とキーワード検索を行っても効率的ではないので、インターネット検索の3つのポイントをお伝えしたい。

1つ目はグーグル検索における検索オプションの活用だ。

読者のみなさまの中にはグーグル検索を利用している方も多いと思うが、通常のキーワード検索ではウェブサイトやブログ、SNSなどがヒットする。しかし、ビジネスパーソンが情報収集するうえでぜひ試してもらいたいのが、グーグル検索結果の右上の設定ボタン（歯車マーク）から検索オプションへ行き、サイトまたはドメインをgo.jpとして、ファイル形式をPDFに限定する方法である。この限定により、官公庁のウェブサイトに掲載

PDF 資料の検索方法

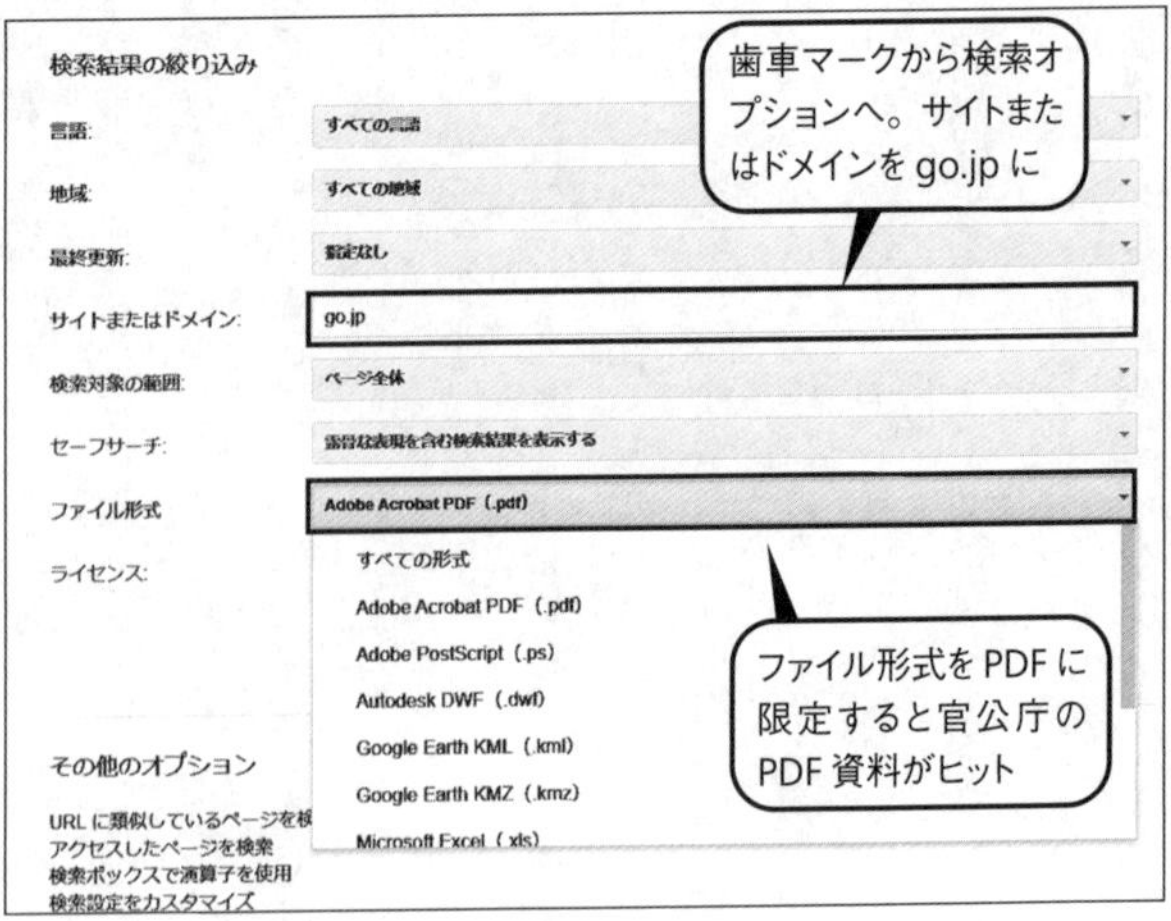

されているＰＤＦ資料をヒットさせることができる（上画像）。

なぜ官公庁のＰＤＦ資料が有益かというと、政治・社会・経済の現状についてまとめられている白書だけではなく、各省庁で今後の政策などを検討するために開催されている審議会・研究会の配付資料がヒットするためである。この配付資料では業界動向や海外の状況などが整理されている。

また、経済産業省の委託調査報告書をはじめ、各省庁はシンクタンクやコンサルティングファームに調査研究を外注しており、それらの報告書も無料で見ることができる。

なお、海外の状況について知りたい場合は、米国であればサイトまたはドメインを .gov、欧州であれば .eu にすればよい（特定企業に限定したい場合は .co.jp または .com）。英語力に自信がなくても、DeepL やみらい翻訳のような機械翻訳を用いれば英語資料も日本語で読むことができる。

定点観測するサイトを

２つ目のポイントは厳選された情報源を持つことである。

インターネット上には無数のウェブサイトが存在するので、グーグルのキーワード検索テクニックを極めたとしても、所望のサイトが毎回ヒットするとは限らない。

そこで、自ら定点観測するサイトをブックマークしておくとよいだろう。

私は、特許をはじめとした知的財産情報分析・コンサルティングに従事しているため、業界リポート（例：keizaireport.com）や技術予測・未来予測（例：科学技術・学術政策研究所の科学技術予測や博報堂生活総合研究所の未来年表）などを無料の情報源として活用している。

クリッピングサービスとしてグーグルアラートを活用する

そして最後のポイントはグーグルアラートの活用である。

情報収集のニーズが生じた場合に、その都度検索することも重要だが、ある特定のテーマについて定期的にニュースなどの情報をウォッチしたい場合はグーグルアラートがよい。

みなさまの中にはクリッピングサービス（新聞や雑誌の記事の切り抜きを提供）をご存じの方もいるかもしれない。

グーグルアラートはクリッピングサービスのグーグル版だと思えばいい。

自ら設定したソース・頻度・言語・地域を対象として、登録しておいたキーワードに関するニュースやウェブサイトについてメールが届く。

大企業になれば自社の情報についても社内ネットワークではなく新聞やニュースなどを通じて知ることがあるだろうが、グーグルアラートに自社名を登録しておけばいち早くキャッチすることができる。

競合他社や気になるテクノロジー、社会課題なども、一度登録しておくだけで自動的に情報収集することができる。

私はグーグルアラートで100以上のキーワードを登録しているが、毎日すべてのアラートを熟読しているわけではなく、気になるヘッドラインのみピックアップしてチェックするようにしている。

書籍やインターネットによる情報収集術を中心に紹介してきたが、人から得られる情報も重要だ。

身近な人であれば対話を通じて情報を得ることができるが、ビル・ゲイツやイーロン・マスクのような著名ビジネスパーソンであってもユーチューブやツイッターで最新の関心事について知ることができる。

現代はインターネットがない時代では入手できなかったような情報を手軽に入手することができる反面、目的を明確にしないとむしろ情報の洪水に溺れてしまう。

情報収集は新たな知識・スキルを獲得するための手段であることを、いつも心がけておく必要がある。

インタビュー

いとうまい子

女優／タレント

「猛勉強の成果をみんなに還元したい」

いとう・まいこ　1983年アイドル歌手としてデビュー。翌年、テレビドラマ「不良少女とよばれて」に主演し、脚光を浴びる。95年芸能事務所、タレント育成の「マイカンパニー」を設立。2010年早稲田大学人間科学部入学。14年同大学院へ、ロボット工学を研究。16年博士課程へ、基礎老化学を研究。17年からはテレビ番組制作会社の社長も務める。

1980年代に芸能界デビューした、いとうまい子さん。今は女優・タレントのほか、経営者や研究者としての顔も持つ。ずっと続けてきたのは学ぶことである。その秘訣を聞いた。

――40代で勉強を始めた理由は？

強い決意があったわけではないのです。アイドルを5年務めて、当時の事務所を退所し、その後、自分で事務所を立ち上げた。この業界では、個人事務所はなかなか経営が成り立たない。10年くらい干されるような感じで、レギュラーの仕事はあまりなかったのだけれど、いろいろと気遣ってくれる人はいました。人とのつながりに感謝したい。私なりにいつか社会に恩返しができたらいいなあと。

だからといって、高校卒業後すぐに芸能界に入ってしまったので、どういう形で恩返ししたらいいのか、さっぱりわからない。たくさんの人が行く大学というところに入って、何か土台みたいなものを見つけたいと思いました。

自分の弱さとの戦い
――大学の通信課程へ進みます。

講義を受け始めたのは45歳。受けている瞬間から記憶が消えていくような感覚です。とてもスポンジのようには吸収できない。1時間後にはもうさっぱり。対策は、最初のオンラインの講義のときに必死にノートを取ることでした。その後にもう1回、講義を聴き直し、ノートを見直す。それを繰り返します。学ぶという意味では何十年ものブランクがあって、それを埋める作業はしんどい。

基本的には1年目のうち最初の半年ぐらいは、講義を全部週末に受けていました。毎週、課題を提出しなければならない。日曜日の深夜12時でオンラインの講義はシャットダウンされるので、11時59分までにリポートを出さないといけない。それを週末に集中してやる。自分の力の限界、弱さとの戦いなのです。提出しないで済む方法をあれこれ考えては、「いやいや、あなたは何のために講義を受けているの？　恩返しするんじゃなかったの？」という原点に立ち返る。自分を奮い立たせてはまた落ち込むという繰り返しですよ。

あるとき、週末にまとめてやろうとするから無理があるのだと気づいた。9科目履修していたので、週末にすべてをこなすのは無理だった。週末は休みにして、睡眠時間を削ってでも平日に全部済ませる。そうすると、気持ちが楽になりました。仕事が立て込んでいても、1つか2つの科目なら、週末にずれ込んでもこなせます。

――最初は予防医学、その次にロボット工学を学びます。

ずっと予防医学を続けたかったのですが、担当の先生の定年退職の影響で、変更を迫られました。ほかの学生の助言もあって、次に挑戦したのがロボット工学。プログラミングの勉強から始めたり、また新たな難題が……。コツコツと勉強を続けるしかないのです。周りのサポートを得ながら、ロボット関連の装置を作りました。

その後は大学院の修士課程へ移ります。大学4年の終盤まで、大学院というのはその存在を知っている程度で、1ミリも考えていなかった。でも、企業の方からの助言もあって、研究を大学院で続けられる道があると知った。

恩返しというゴールは遠いのですが、せっかくなので大学院へ行きたい。結局は修士課程でも終わらず、博士課程へ。高齢者の健康寿命の延伸につながるようなロボットやバイオ分野に関心があり、そのようなテーマの研究を希望していた。博士課程へ移行するときの面談では、教授たちから「ロボットをやっていた人間と、バイオをやる人間とでは基礎が全然違うから、そんなテーマは無理」と言われましたが……。

でも、それでは終われない。本当にしがみつく感じでアピールしました。バイオの講義は一生懸命受けていたので、先生たちの質問にもすべて答えられた。「ロボットをやっていた割には意外にわかっている」と評価された。

感情に左右されない

——研究活動は面白いですか？

細胞相手の研究は抜群に面白いです。細胞に試薬を添加して、その結果を見るとか、同じ実験を延々と続けます。再現性が大事なので、前回よい結果が出たときは、「もう一度同じ結果が出ますように……」と祈ります。同じ結果が出ないと、データとして認知されず、論文に書けない。再現性のためには何度も方法や試薬を変えてみる。そんな日々でも心は折れず、不思議と「次はよい結果が出る」と思えるのです。

根気があるというよりは、解決策が見えるまでのプロセスが大好きなのだと思う。知恵の輪、ルービックキューブ、ネックレスの絡まりとか、考えてみると何でもそう。性格なんですかね。

――社会人からはどんなアドバイスを求められますか。

よく聞かれるのは、モチベーションについて。気持ちが続かないという人が多い。私は自分のモチベーションというものを信用していない。学ぶことについて、感情で決めたことはない。感情に左右される前に週末の勉強をやめて、平日に集中しました。計画を立てて、強制的に生活に組み込む。感情に左右されないようにする。何もしないで、動画配信をずっと見ている日もありますよ。けれど、「家事が終わったら、勉強」と決めた日は、絶対にやるしかない。

勉強のコツは繰り返しのみです。細胞を培養する実験では、難しい手順がありますが、繰り返すことで、理解が深まって、脳に定着していく。私だって、もう人に教えられるくらいの自信はありますよ。20代に比べたら記憶力は劣っていても、全然無理な話ではない。

そういう実感があります。

研究者としての目標？　今は研究生として在籍していて、その期間があと2〜3年の予定です。その間によい結果を出して、論文をまとめたい。その後は違う分野で学びを探したい。人間の仕組みを細胞単位から見てきたので、次はメンタルな領域に行きたい。人間の「幸せ」について科学的にどうアプローチできるのか。健康寿命の延伸を考えた場合、結局はそこに行き着くような気がします。

（聞き手　堀川美行）

第2章　リカレント

——40〜50代に必要な教養を身に付ける

■身に付けたい教養

歴史 …… P90
宗教学 …… P98
文化人類学 …… P107

学校の授業のような暗記一辺倒ではなく、楽しみながら学ぶ。

宗教学 …… P98
歴史 …… P90
文化人類学 …… P107

宗教学の学問の裾野はかなり広い。困難な時代の基礎教養となる。

文化人類学 …… P107
歴史 …… P90
美術 …… P128

文化人類学は現在の当たり前を問い直すきっかけとなる。

数学 …… P115
物理学 …… P123

数学は恐怖感を早く克服するためにアナログな手法で学ぶ。

物理学 …… P123
数学 …… P115

物理学は私たち自身の起源に迫ろうとする知的好奇心が大事。

美術 …… P128

美術鑑賞は自分の「推し」を見つけると探究心が高まる。

目的別チャート図　リカレント編

先の見えない時代、どんな状況にも対処できる力となる「教養」。自己分析も兼ねて、何が必要かを探していこう。

ここからSTART!
あなたの目的は?

世界の最深部を理解したい

世界を渡り歩きたい

グローバル化の本質を理解したい

発想力を伸ばしたい

DX人材の基礎を学びたい

美意識を高めたい

楽しみながら学ぶ「歴史」

学ぶだけでなく、その素材をどう捉えるかが問われる

宇山卓栄（著作家）

「平和の均衡」はもろく、一瞬で崩れることが、ロシアによるウクライナ侵攻で明らかになった。

今日の世界の危機のほとんどは歴史要因に起因している。

ロシア人とウクライナ人の対立もまた、今に始まったことではなく、中世の時代から続いている。

歴史という大きな時間の座標軸の中でこそ、現在の問題の本質が見えてくるのである。

ウクライナとロシア、確執の根本

ウクライナ人とロシア人は同じスラブ人で、もともと「ルーシ（ロシア）」を名乗っていた。ルーシの本拠はキーウ（キエフ）で形成され（キエフ公国）、「キエフルーシ」と呼ばれている。そこには「ルーシ」の名を引き継ぐルーシ族の正統という意味が込められている。しかし15世紀にモスクワ大公がロシア人勢力を統一し、この中にウクライナ人も取り込まれた。

ウクライナ人から見れば、キエフ公国の本流に対し、地方勢力にすぎなかったモスクワ大公国には、正統性がないということになる。

傍系が暴力によって、自分たちを強制的に従わせたにすぎない。

ウクライナ人は自分たちこそが「ルーシ」であり、ロシア人がそれを勝手に自称するべきではないと考えている。

だから、ウクライナ人は自分たちの歴史はロシア人によって奪われたと主張しているのである。

こうした民族対立の構造が今でも続いており、ウクライナとロシアの相互の確執の根本的原因になっている。

なぜ歴史を勉強するのか

なぜ歴史を勉強するのか。その問いに対しては、「過去を知り、現在を知るため」「現在の問題のルーツを知るため」といったことが挙げられる。

それはそのとおりなのだが、一方で、歴史を学ぶことにより、物事を自分自身にとって身近な問題として距離を縮め、引き寄せることができる。

ウクライナ問題のような戦争や政治闘争は別にしても、歴史やそれに付随する出来事を知るのを楽しむことができるのだ。

歴史を知っていれば、海外旅行に行ったとき、現地の遺跡や建造物、芸術作品を見て、その背景や文脈がわかり、驚き、楽しみ、感動することができる。

その文物に宿る過去の人間のドラマに触れることができるようになる。

歴史は楽しむという感覚がいちばん大切なのである。

歴史は映画や小説のようなフィクションではない。

本当にあった話、人間の行動パターンのリアリティー、それらのいちばん面白い、いいとこ取りが歴史なのである。

「事実は小説より奇なり」という言葉のように、歴史という事実はフィクション以上に奇なるものであり、映画や小説以上の迫真性を持って、われわれに迫る。

皆さんの多くが学生時代に歴史の勉強で嫌な目に遭わされたはずだ。年号や人名を覚えさせられ、ウンザリしただろう。

それは学校が強制する「面白くない歴史」で、本当の歴史は知的な発見と驚きに満ちた面白いものである。

あまり難しく考える必要はなく、まずは楽しんでもらいたい。

一方で、せっかく学んだ知識をどのように役立てることができるかも気になるところだ。歴史を知ることは大切だが、それをよく知りすぎて、「知識自慢」の人になってしまわないように気をつけるべきだ。

また過去の人間や社会のパターンを知れば、未来の予想を立てることができる、教訓を得ることができるとする主張がある。

確かにパターンや法則を未来へ活用できないわけではないだろう。

だが、それを未来にどう当てはめて、考えるかということは、個人の判断力の問題であり、歴史を知っているかどうかの問題ではない。

例えば、戦争史に詳しい人がすべて、有能な将軍になれるわけではない。

戦争のパターンを熟知していても、戦場でいつも正しい判断が下せるとは限らない。

同様に、政治史研究家が有能な政治家になれるわけでもない。

逆に、有能な将帥《しょうすい》や政治家になるためには最低限、過去の戦争や政治のパターンを知っておかなければならない。

過去のパターンは判断の基準になりうるからだ。

同様に、有能な経営者やリーダーになるためには過去のリーダーたちの処世術のパターンを最低限、知っておかなければならない。

過去の事例やパターンを、現在の実生活や未来の予想に実際に応用することができれば、歴史は帝王学になる。

これは、歴史研究とは次元の違う高度な能力が要求されることでもある。

歴史を学ぶ究極の目的はこうしたところにあるのだろう。

歴史を学んだだけでは、個人の判断力は高まらない。

その素材をどう捉え、考え、複合するか。

そして、それらを現実の事象にどう応用するかということが問われる。

旅こそ歴史の教師

歴史の先生はズバリ、旅である。

旅で出合う遺跡や風景こそが最良の教師だ。

われわれに「なぜ」「どうして」という疑問を強烈かつ切実に与える。

その疑問がわれわれを学びへと向かわせる。

どんな優れた生身の歴史教師も、このようなインセンティブを与えることはできない。

旅の現場を通じて学び取った歴史は感情や心情の最も深いところに根付き、思考を形成していく礎《いしずえ》となる。

最近、私はペルーの有名な「空中都市」マチュピチュ遺跡を訪れた。

そこでマチュピチュは何のために築かれたのかという強烈な疑問を抱いた。

マチュピチュ遺跡は1911年、米国の考古学者ハイラム・ビンガムにより、世界的に

「空中都市」として知られるマチュピチュ遺産。旅は学びを促す。
写真：Don Mammoser/shutterstock

知られるようになる。

ビンガムはマチュピチュ発見の驚きを情熱的につづった『失われたインカの都市』を著し、これがベストセラーになる。ビンガムは、マチュピチュは軍事要塞であり、スペイン軍の侵略にインカ帝国人が抵抗した最後の砦であると主張した。

しかし、考古学者の多くはこれに異を唱え、太陽神を祭るなど、宗教儀礼を行うために建設されたとする説を展開した。

また、皇帝がクスコの寒さを避けるため、クスコよりも1000メートル標高が低く、温暖なマチュピチュを別荘にしたという説もある。

真相はどうだったのだろう。

現場の空気や地形を肌で感じることによって初めて理解できることがある。
歴史は生きた人間の行動や心情の軌跡であり、その鼓動を全身で感じることが重要だ。

学問のポイント

・歴史で物事との距離を縮める
・予測に応用できる力を身に付ける
・旅行で思考を形成する

「宗教学」の視点から世界の深層をつかむ

裾野の広い学問。今の時代を理解するうえで不可欠な教養となる

中村圭志（宗教学者）

現在、日本社会は旧統一教会と政党との関係をめぐって大いに揺れており、宗教に対する関心がにわかに高まっている。

また、ロシア正教会とロシアナショナリズムとは何か、という問題も浮上している。その前には、米国の福音派がトランプ氏を推すなど、先進国米国の宗教事情の混迷ぶりが話題となった。

さらにもっとさかのぼれば、過激イスラム主義者のテロが連続して起きた時期があり、1990年代には、オウム真理教などカルトの事件が世界中を震撼《しんかん》させた。

宗教の話題というのはけっこう多い。それぞれの出来事の顚末《てんまつ》についてはジャーナリス

トのリポートなどから様子を知ることができるが、論者にとっても読者にとっても、どうしてもいつも付きまとう問題がある。

宗教学という学問

それは「そもそも宗教って、いったい何？」という問題である。

ここで、さまざまな立場の人が「宗教とはこういうものだ」と、宗教の本質のようなものを語ることになるが、人々は自分が知っている、あるいは自分が信じている宗教をモデルにして宗教の本質を語るのが普通である。

しかし、そうした意見が、世界中に存在する、あるいは歴史の中に出現してきたすべての宗教に当てはまるわけではない。

だから「宗教とは何か」ではなく、「もろもろの宗教は実際にどのような形で存在しているのか」に関する知識も必要となる。

そこで出番となるのが宗教学という学問である。

宗教学とは人類学、民俗学、社会学、心理学、歴史学、哲学などさまざまな人文・社会科学の手法をもって宗教を（しばしば学際的に）研究する学問の総称だ。

科学的宗教研究の視点から見えてきたのは、宗教の実態のめくるめく多様性だった。

世界には神のある宗教も神のない宗教もある。

教えも公約数を見いだせないほど多様で、1つの教団の中でさえ個人ごとに違うことを信じている。

しかも、教えそのものが時代とともに変化している。

このように、宗教は極めて複雑で多次元的な現象といえる。

そうした複雑性に関するリテラシーを与えるというのが宗教学の役割である。

宗教の割り切れなさ

カルト問題をめぐってよくいわれているのは、「宗教は信者の主体性を生かすが、カルトは主体性を奪う」ということだ。

これは現代社会において実用性のある有益な区別といえる。

しかしまた、歴史的に見ればこうした区別はあくまで現代市民社会が求める取り決めだということも認識しておく必要がある。

キリスト教について見ると、正統的教会が比較的最近までマイノリティーや孤児の施設などで組織的虐待を行っていたことが次々明らかとなっており、社会問題化している。

過去には死者の救いのためと称して免罪符を売った時代もあった（元祖・霊感商法？）が、古代文書である『旧約聖書』では、神の名によって民族殲滅《せんめつ》や女性や同性愛者への虐待を正当化している。ほかの宗教でも同様だ。

歴史を通して見れば宗教とカルトの境界線は判然としない。

それを過去の話と割り切ることもできる。

しかし、世界中の宗教が足並みをそろえて歴史の階段を上っているわけではないというのも事実だ。歴史のコースの異なる宗教文明同士の軋轢《あつれき》があちこちで顕在化している。

市民社会の規範とぶつかる規範や戒律（例えば女性の地位について）を持つ宗教も珍しくない。

イスラム教やロシア正教会のように、政教分離の方向に発展してこなかった宗教もある。

米国のファンダメンタリストは反進化論などの偽科学を布教しつつ市民権を得ている。

そこに危機を感じる欧米の無神論者は「普通許されない虚偽の宣伝を容認する信教の自由とはいかがなものか？」と問題提起している。

宗教を平常心で観察

他方、歴史上宗教は芸術、思想、倫理などさまざまな文化を涵養《かんよう》する揺りかごでもあった。これもまた見逃せない大事な側面であろう。

神の創った世界の秩序を見いだしたいというのが初期の科学者の動機であったという指摘もある。

宗教を考えるときは次の3つの相を区別するのが便利であるので、覚えてほしい。104ページの図を見てもらいたい。

まず、神話・儀礼・呪術・神秘体験（これらは宗教学のキーワードだ）が、現代を含めいつの時代にも個人や共同体のアイデンティティーを形成してきたという基礎的な事実がある（*1*）。

その次に、それらの神話や呪術を手なずけて倫理化し、救済や悟りのシステムをつくり上げた仏教やキリスト教など古典的大宗教がある。

中世にはこれが権威を持ち、政治的権力とも結び付きながら、地域ごとの文化圏を形成したのである（2）。

3つ目の相として重なっているのが、科学・資本主義・国民国家が発達した現代世俗社会の状況だ。

宗教は社会の規律というより「心の問題」「スピリチュアリティー（霊性）」となり、教団の位置づけは組合やNPOなどと並ぶ「中間集団」となった（3）。

社会的有益性が求められる現代宗教には地球環境から人権まで多様な問題を合理的に理解する責務があるはずだが、事実より権威に信を置く宗教的メンタリティーにとっては不得手な課題である。

このあたりの状況を過小評価も過大評価もせず平常心で観察するのが宗教学の役割だ。

拙著『世界の深層をつかむ宗教学』（ディスカヴァー・トゥエンティワン）は宗教現象の多面性、諸宗教の歴史と教え、宗教と哲学・科学・政治・経済の関係について簡略に説明したものだ。宗教問題をめぐる頭の体操になると思う。

[宗教を考えるときの3つの相]

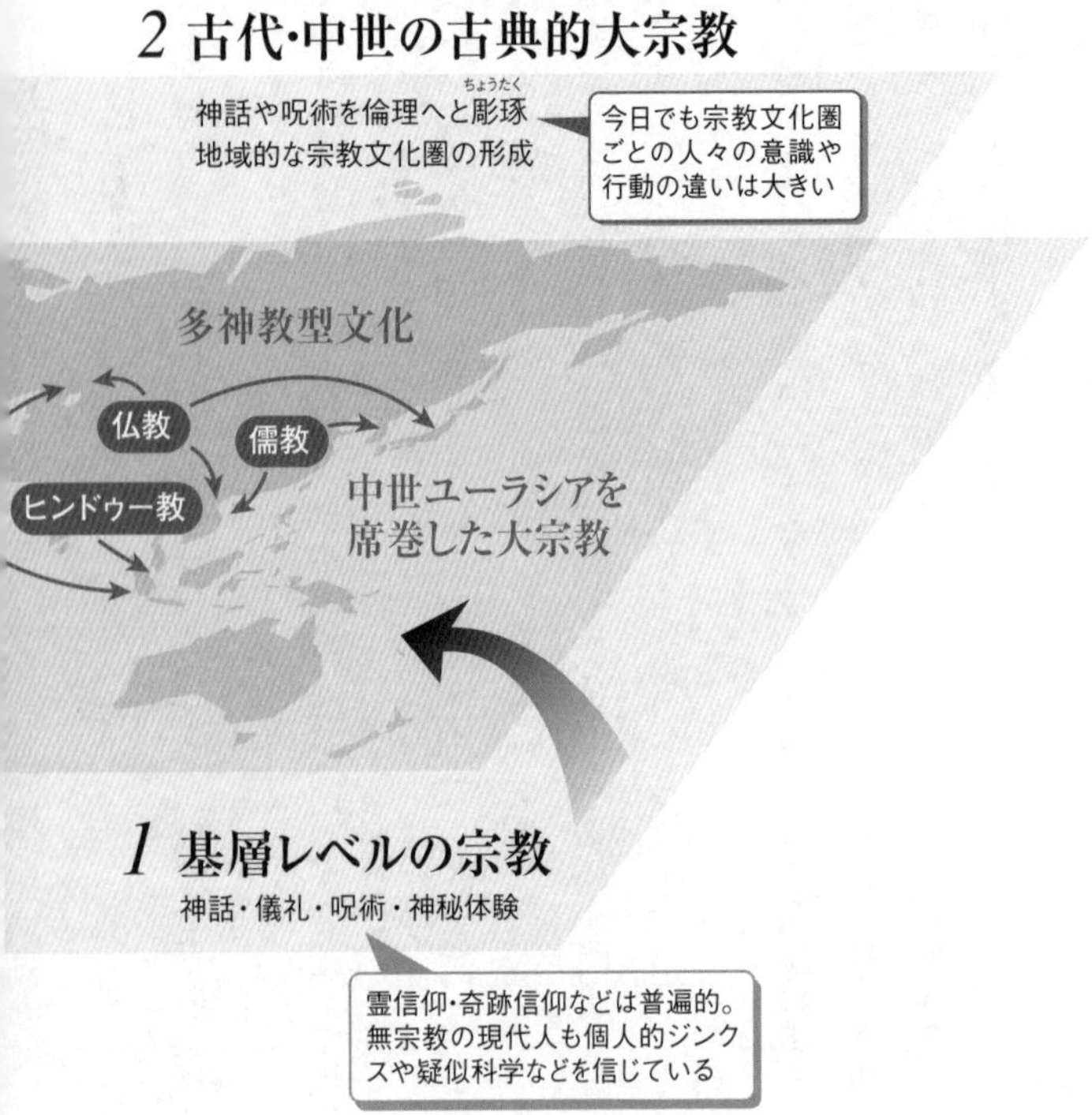
2 古代・中世の古典的大宗教
神話や呪術を倫理へと彫琢《ちょうたく》
地域的な宗教文化圏の形成
今日でも宗教文化圏
ごとの人々の意識や
行動の違いは大きい
多神教型文化
仏教
儒教
ヒンドゥー教
中世ユーラシアを
席巻した大宗教
1 基層レベルの宗教
神話・儀礼・呪術・神秘体験
霊信仰・奇跡信仰などは普遍的。
無宗教の現代人も個人的ジンク
スや疑似科学などを信じている

本格的なものとしては、例えば若手宗教学者の諸研究をまとめたシリーズ『いま宗教に向きあう』（岩波書店）などがある。

文明論的な研究としては、近代初期資本主義におけるキリスト教の働きを論じたマック

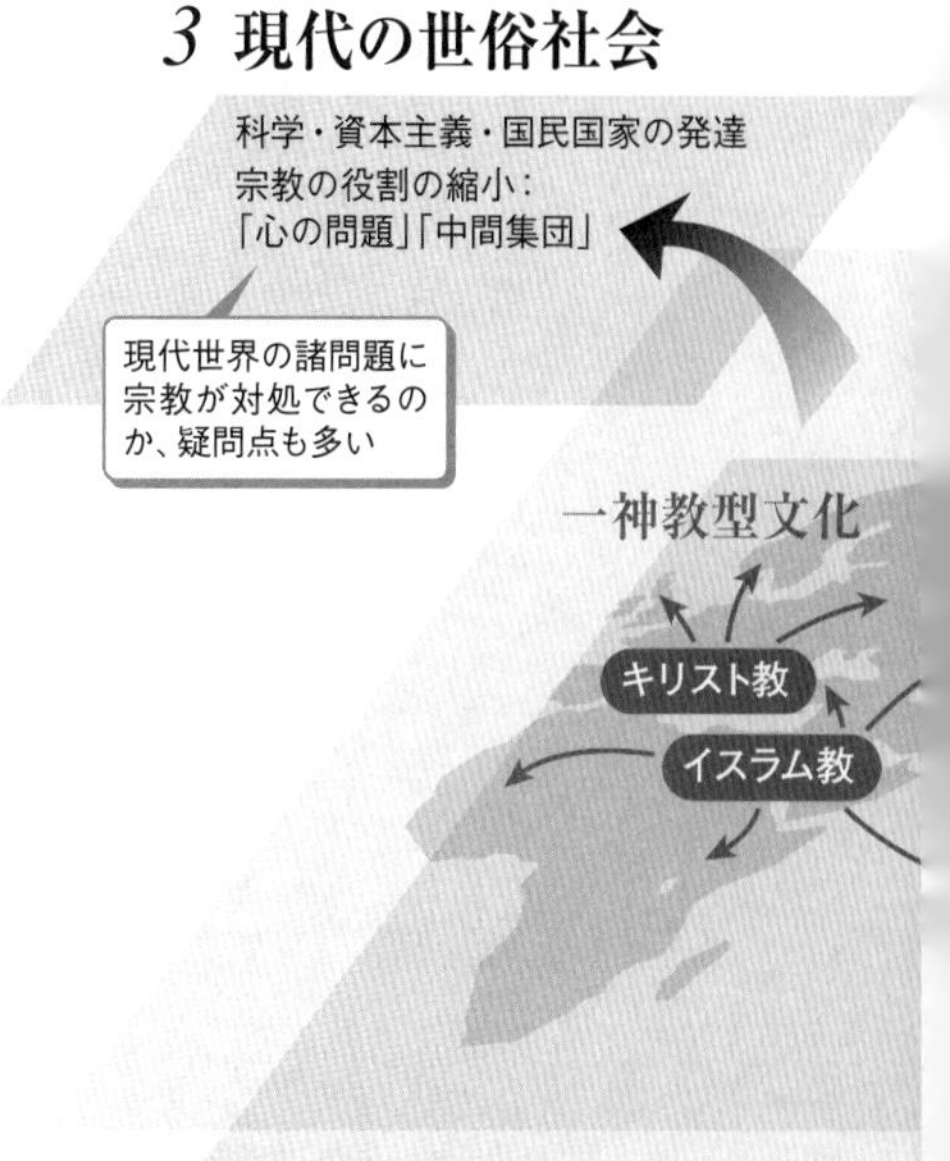

ス・ウェーバーの社会学や、クロード・レヴィ＝ストロースやミルチャ・エリアーデの神話学的宗教論などが古典だ。

ジャレド・ダイアモンド（生物地理学）やユヴァル・ノア・ハラリ（歴史学）など、宗教学的視点を持つ文明論者は大勢いる。

宗教学という学問の裾野はかなり広い。今のような困難な時代の基礎教養といえるのかもしれない。

学問のポイント

・複雑性へのリテラシーを与える
・宗教を3つの相で区別する
・時代を知る基礎教養になる

「文化人類学」でグローバル化の本質を理解する

当たり前を問い直し、考えの幅を広げる

奥野克巳（立教大学教授）

文化人類学とは、普段生きている世界を飛び出し、まったく違う価値観で成り立つ社会に身を置いて、人間の生（生きること）とは何か、またほかの生物との関係性において人間はどのような存在なのかを探究する学問だ。

大学の教養科目として扱われることが一般的で、少し触れた程度、もしくはまったく学んだ経験のない人が多いだろう。

なじみの深い世界を離れて未知の世界に入り込み調査することを、「フィールドワーク」と呼ぶ。

インタビューやアンケート調査ではなく、生活を共にして人々の暮らしを観察する。

未知の言葉も動物的な感覚で理解できるようになるまで、社会に入り込む。

興味深いのは、フィールドワークを通じ、私たちが日々の暮らしで何の疑いもなく当たり前と思っている事象や考え方について、思いも寄らない観点から見返せるようになることだ。

難しい言葉で言えば「当たり前の相対化」であり、いま一度、私たちの行動や考えを根源的なところから問い直し、現代社会が抱える課題の数々にどう向き合うか、さらにこれからの時代をどう生きるかといった考察の出発点となる。

そのため、先行き不透明な現代社会にあって、文化人類学は人間が生きる道を示す、1つの羅針盤になる学問だと考えている。

まったく違う価値観や社会理念を持つ人たちの暮らしや人生を知ることは、私たちの考えの幅を広げ、新しい見方を授けてくれるからだ。

当たり前を問い直す

私は東南アジア・ボルネオ島で狩猟採集を主な生業《なりわい》とする森の民・プナンと長期間一緒

に暮らし、人間とは何かについて研究している。

彼らの身なりは私たちとあまり変わらないが、森の中で食料となる獲物や植物をとることに1日のほとんどを費やし、子どもたちはほとんど学校に行かない。

私たちとはまったく違う価値観や考え方の下で暮らしが成り立っている。

彼らは個人で物を所有するのではなく、コミュニティでシェアするのが当然という価値観を持つ。誰かが欲しがれば迷わず分け与えることを繰り返すため、物はコミュニティの中で循環する。

観察していると、彼らにも所有欲は見え隠れする。しかしその欲求を乗り越えて、惜しみなく物を分け与える精神が大事にされている。

そのため、彼らに物を贈っても「ありがとう」とは言われない。代わりにたまにかけられるのは「よい心がけだ」という言葉だ。

また気前よく何でも分け与え、自身では何も持たない人ほど尊敬され、リーダーとなる。

しかしその人が物を惜しむようになると、リーダーとは見なされなくなる。

このような様子を目の当たりにすると、私たちにとって当たり前の所有という概念は根本から覆され、経済活動と共同体のあり方について考えるきっかけとなる。

人間が人間であるために

また日本では安倍晋三元首相やエリザベス英女王など国葬について関心が高まったが、死についての考え方もプナンは独特だ。

彼らはかつて死者を土葬し、遺品をすべて燃やすと埋葬場所から逃げるように素早く離れた。

今日でも、埋葬後に死者の名前を口にすることはタブーで、死者と親族関係にある人は自分の名前を変えてまで死を忘れようとする風習がある。生前の業績をたたえることもない。ふとしたときに死者を思い出すことがあるが、悲しみを言葉にする代わりに鼻笛を吹いて死者と無言で交流する。

このようなプナンの慣習に接すると、葬儀のあり方や死との向き合い方について考えさせられる。

世界には私たちの価値観からすれば一見、奇妙な慣習を持つ人たちがいる。

とくに宗教に関わる事象では呪術や妖術を重んじる人たちもいて、非合理でたらめだと私たちは感じるかもしれない。

しかし宗教や儀礼、呪術などは人間が人間であるためには欠かせない文化的な思考や行動で、さらに社会的なつながりや関係の維持に大きく寄与している。

例えば、あるアフリカの民族はシロアリ被害を受けた小屋が倒壊して中で休んでいた人がケガをしたとき、偶然ではなく、妖術のせいで災いが起きたと考える。私たちならシロアリが原因で、偶然、そのタイミングで倒壊したと考えるだろう。

しかし、彼らのように不幸の理由を妖術で説明したほうが人間として心が休まり、納得できるときもある。

科学的な合理性だけが絶対ではないのだ。

異文化に接して「変だ」「おかしい」と決めつけてしまっては、新しい考え方につながらない。

自分が生まれ育った文化の物の見方や価値観に基づいて異文化を判断することを、「自文化中心主義」という。

自分の当たり前を基に相手を一方的に判断すれば、社会の分断を生み出してしまう。そのため、文化人類学を通じて多様な文化や社会のあり方、自分たちとの差異を知ることは、グローバル社会においても非常に重要な視点となりうる。

環境危機と文化人類学

文化人類学は人間とは何かについて探究する学問だが、現実社会は人間だけではなく、さまざまな種が複雑に絡まり合う。

人間の活動が地球の地質や環境悪化に影響を及ぼした新しい地質年代として、「人新世」という言葉が使われているが、これは人間中心に世界をつくり上げてきた社会が限界にさしかかっているためだ。

文化人類学も、人間中心主義ではなく、動物と人間、植物と人間、森と人間など、複数の種と絡まり合う関係性から人間とは何か、生きるとはどういうことかを考えるようになってきた。

ＳＤＧｓ（持続可能な開発目標）や環境問題に取り組む企業が多い中で、これまでの人間中心主義を問い直し、物事の本質を知る入り口を、文化人類学が示せると思う。

皆さんがフィールドワークをする機会はめったにないだろうが、外側の世界に関心を持つことが文化人類学に触れる第一歩となる。

例えば、私の著書『これからの時代を生き抜くための文化人類学入門』（辰巳出版）を読むだけでも人間の驚くべき多様性に触れられるだろうし、もし海外に滞在する機会があれば、一歩外へ出て、その地に暮らす人たちについて見聞を深めてほしい。

40～50代のビジネスパーソンは、知らず知らずのうちに社会通念や固定観念にとらわれている可能性がある。

考えをアップデートしたほうがよいとはわかっていても、現実的には難しい。

そこで、自分たちとはあまりに懸け離れた暮らしや考え方をする世界の人たちを知り、当たり前を問い直すきっかけにしてほしい。

これからの時代を生き抜くための
文化人類学入門
奥野克巳
ボルネオ島の狩猟採集民「プナン」と長年行動をともにしてきた人類学者による、"あたりまえ"を今一度考え直す文化人類学講義、開講!!
人新世という
かつてない時代を生きるには、
《文化人類学》という羅針盤が必要だ。

シェアリング、多様性、ジェンダー。LGBTQなどを文化人類学の視点で取り上げ、現代を生き抜くヒントを伝える

その意味で、文化人類学はビジネスパーソンに必要な教養となりうるのだ。

学問のポイント

・異文化を教養として理解する
・当たり前を問い直すきっかけに
・多様性や環境問題に新しい視点

（構成・ライター　吉岡名保恵）

文系でも「数学力」を上げて発想力を伸ばす

相対性理論に挑戦した文系ライターがコツを伝授

深川峻太郎（ライター）

好きな人は放っておいても勝手にやるし、苦手な人は放っておくと一生やらない。数学の勉強とは、そんなものだ。なにしろ私自身、次項で取り上げる物理学に興味を持たなければ、微積分や線形代数など数学の入門書をどっさり買い込むことはなかっただろう。理数系科目はすべて高校時代に挫折した「ド文系」だ。

ところがある時期から仕事で素粒子論や宇宙論などの書籍編集に関わる機会が増え、物理学の面白さを知った。

もっともそれだけなら数学を勉強する必要はない。しかし本来、物理学の法則は数式で表現される。数式の出てこないタテガキの入門書を作ったり読んだりするだけでは、その神髄に迫れない。「宇宙という書物は数学の言葉で書かれている」というガリレオ・ガリレイの名言もある。

それに、取材相手の研究者が黒板に数式をサラサラと書いてみせる姿は、実にカッコイイ。例えばNHKBS1の「街角ピアノ」という番組を見ていると、どんなに冴えない風体のおじさんでも、華麗にピアノを弾き始めた瞬間にステキな教養人に思えてウットリしてしまう。あれに刺激されて「ピアノを習いたい」と思う人は多いだろう。数式もそれに似ている。

そんなわけで一念発起した私は、無謀にも相対性理論を数式で理解しようと試みた。

その顚末をまとめたのが、拙著『アインシュタイン方程式を読んだら「宇宙」が見えたガチンコ相対性理論』（講談社ブルーバックス）だ。冷や汗と涙と失笑のお勉強ドキュメンタリーである。

その勉強を通じて数学が得意になったとは決して言えない。

しかし数式を見た途端に「うへぇ」と顔をしかめることはなくなった。

数式を書き写してみる

多くの人が数式に最も強い拒絶反応を示すのは、方程式などの完成形を教科書でバーンと見せられたときだろう。謎めいた記号の群れにクラクラと目眩《めまい》がしてしまう。

あの恐怖感を克服する方法はただ1つ、とにかく自分でノートに手書きすることだ。数式は読むより書くに限る。「cの2乗カッコt2マイナスt1カッコの2乗イコール……」などとブツブツ音読しつつ左から右にカリカリと書き写していると、その数式が言いたいことがジワジワと伝わってくるものだ。

それは辞書を引き引き英語の教科書を訳しているときの感覚に似ている。

ある意味で、数学は「語学」なのかもしれない。

また、式変形や代入を繰り返しながら左辺と右辺を等号でつないでいく作業は、どこかすがすがしい。

「AはBだ！　したがってCはDである！」

と断言し続ける快感。言質を取られぬよう、アレコレと言い訳や留保事項を付け加えざるをえない会議での発言では味わえないものだろう。

そうやって無数の等号を並べた結果、例えば「$E=mc^2$」という有名な式が目の前に現れたときの達成感は、何物にも代えがたい。

論理を積み重ねた揚げ句に、極めて明快で美しい結論に到達できるのが数学の喜びだ。それが論理的な思考力を鍛えるのは間違いないと思う。数式は、論理に曖昧さがあると一歩も先へ進まない。

ただし、論理以前にも大切なものがある。どんな議論も、前提になる条件が共有されなければ始めることもできないのだ。

例えば日本国憲法改正について議論する場合、そこでは「日本国が存在する」という前提が共有されている。自明すぎるから、いちいち確認せずに議論を始めているだけだ。

数学にも、論理を始める前の大前提がある。それは「公理」だ。

例えば古代ギリシャの数学者ユークリッドの『原論』には、「同じものに等しいものは、互いに等しい」「全体は、部分より大きい」といった公理がいくつも掲げられている。当たり前すぎて思わず苦笑するレベルだ。

だが、なぜ同じものに等しいものは互いに等しいのかと問われると、返答に窮する。

それ自体は証明できないが、数学的な議論の約束事として欠かせない。それが公理だ。

「公理を疑う」視点も持つ

そして、公理は必ずしも自明ではないし、絶対でもない。

例えばユークリッド幾何学には、次のような公理がある。

「1つの線分が2つの直線に交わり、同じ側の内角の和が2直角より小さいならば、この2つの直線は限りなく延長されると、2直角より小さい角のある側において交わる」

回りくどい言い方だが、これは平行線公理（120ページ上図）と呼ばれている。

2つの内角の合計（$\alpha+\beta$）が180度ならば、2つの直線はどこまで行っても交わらない、つまり「平行」だとこの公理は言っている。

だが、それが通用するのは平面上だけだ。

ユークリッド幾何学が扱わない曲面上では、平行線公理が成り立たない。地球儀のような球面上に三角形を描いた図（120ページ下図）を見ればそれは明らかだ。

3つの内角は、いずれも90度。2つの内角の合計が180度になる3組の直線（辺）同

平行線公理・リーマン幾何学

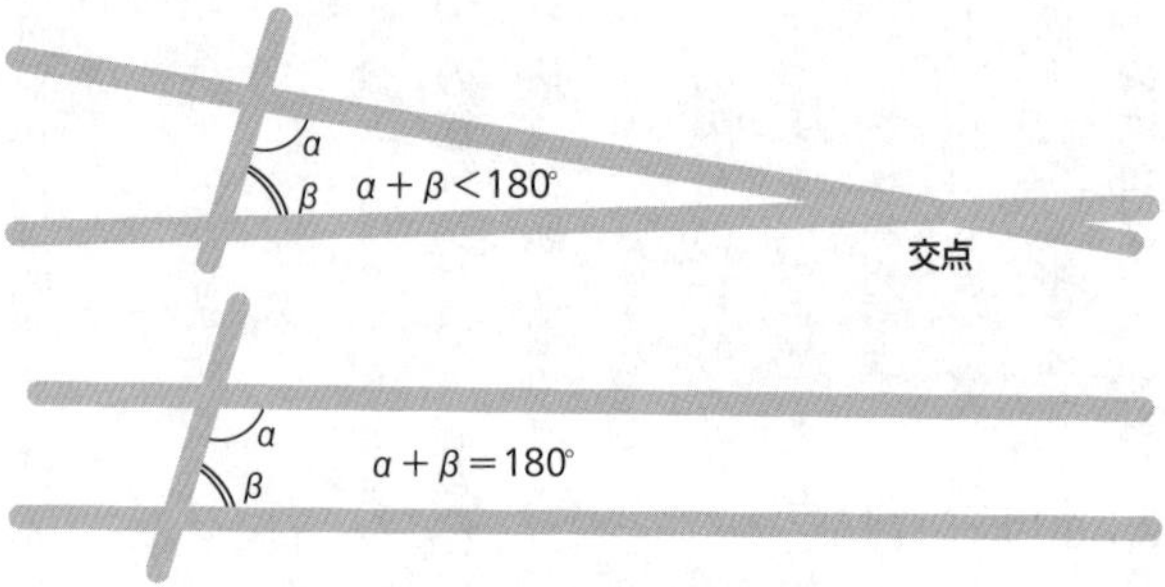

2つの内角の合計(α+β)が180度ならば、2つの直線はどこまで行っても交わらない

上図の公理が通用するのは平面上だけ。ユークリッド幾何学が扱わない曲面上では成り立たない

士が平行にならず、いずれも各頂点で交わっている。

学校では「三角形の内角の和は180度」とクドいほど教わったが、それはユークリッド幾何学限定の話にすぎない。数学の世界を広く見渡せば、「内角の和が270度の三角形」も存在する。公理が異なれば、そこからまったく違う論理が展開されるわけだ。

ちなみにアインシュタインの重力方程式も、曲面を扱う「リーマン幾何学」という高度な数学を使っている。一般相対性理論は時空の歪みを重力の本質だと考えるので、曲面の幾何学が必要だったのだ。

しかし、これが難しい。

アインシュタインでさえ大いに手こずり、友人の数学者の助力を得ながら四苦八苦して方程式を完成させたという（それを読もうとした私は本当に無謀だ）。

ともあれ、ロジカルに考えてもうまい答えが見つからないときは、「公理」を疑ってみるとよいかもしれない。それこそ憲法論議も、あえて「ほんとは日本国なんかないんじゃね？」から考え始めると、斬新な改正案が生まれる可能性もある。

また、前提条件を異にする者同士の議論はたいがいかみ合わない。

常識良識を共有しにくい社会になっているせいなのか、ネット上の不毛な論争の多くも前提にズレがある。いわゆる陰謀論も「いったいどんな公理から始めてるんだよ」と言いたくなるものが大半だ。

会社の会議でも、そんなことはよくあるだろう。折に触れてお互いの公理を確認しないと、議論はそれこそ永遠に平行線をたどるだけである。

学問のポイント

・ひたすらノートに手書きする
・やがて語学の感覚を得る
・論理の前提となる公理が重要

「物理学」へのアプローチ

知的好奇心を満たす、最高のエンターテインメント

深川峻太郎（ライター）

文系の人間が教養として物理学を勉強するなら、私のように（前項参照）無理をして数式に挑む必要はない。タテガキの入門書や解説書で、その世界の豊かさに触れるだけで十分である。

とくに大切なのは、その歴史を知ることだ。

例えば『磁力と重力の発見』（山本義隆著・みすず書房）という全3巻の大著がある。古代ギリシャ以降、先人たちが磁力と重力をどう考えてきたかを描いた名著だ。通読するのは骨が折れるが、まずはその書名にスリルを感じてほしい。

私たちが「あって当然」だと思っている磁力も重力も、歴史の中で「発見」された不思

議な自然現象だったのである。物事を「当たり前」で片付けないセンス・オブ・ワンダーこそが物理学の推進力だ。

さて、19世紀に磁力は電気力と統合されて電磁気力と呼ばれるようになったが、20世紀に入るとさらに2つの力が発見された。「強い力」と「弱い力」である。

ナンノコッチャと思われるかもしれないが、これは素粒子の世界で働く力だ。電磁気力より「強い」力と、電磁気力より「弱い」力。自然界には、これに重力を加えた「4つの力」が存在するという。

実に不思議だ。

その力の正体を説明する2本柱が、量子力学と相対性理論である。

量子力学の法則が支配するのは、ミクロの世界。こちらは特殊相対性理論と融合して、電磁気力、強い力、弱い力を説明する素粒子理論を支えるようになった。

一方、重力を説明する一般相対性理論はマクロの世界を支配している。

しかしミクロとマクロの世界を別々の理論で説明するのは居心地が悪い。物理学の最大の眼目は、森羅万象を支配する究極の法則を見つけることだからだ。

しかも、宇宙が誕生したときは「4つの力」が1つの同じ力だったと考えられている。自然界の根源を知るためにも、宇宙誕生の秘密を解明するためにも、量子力学と一般相対性理論は統合されねばならぬ！

というわけで、現代物理学の最先端では「量子重力理論」の構築が大テーマだ。その多様な仮説の中でも最有力候補と目されているのが「超弦理論」なのだった。

私たちの起源を探る

キーワードだけ駆け足で紹介してきたが、物理学はそうやって私たちの起源に迫ろうとしている。そこがいちばん大事なところだ。

知的生命体にまで進化した私たちは、どうしても「自分たちはどこから来たのか」を知りたい。その知的好奇心を刺激する物理学ほど人を興奮させるエンターテインメントが、ほかにあるだろうか。

ある物理学者は「ライバルは地球外の知的生命体だ」と言う。

いつか出会う宇宙人が、地球人の知らない究極の法則を知っていたら、確かに悔しい。

物理学の各理論

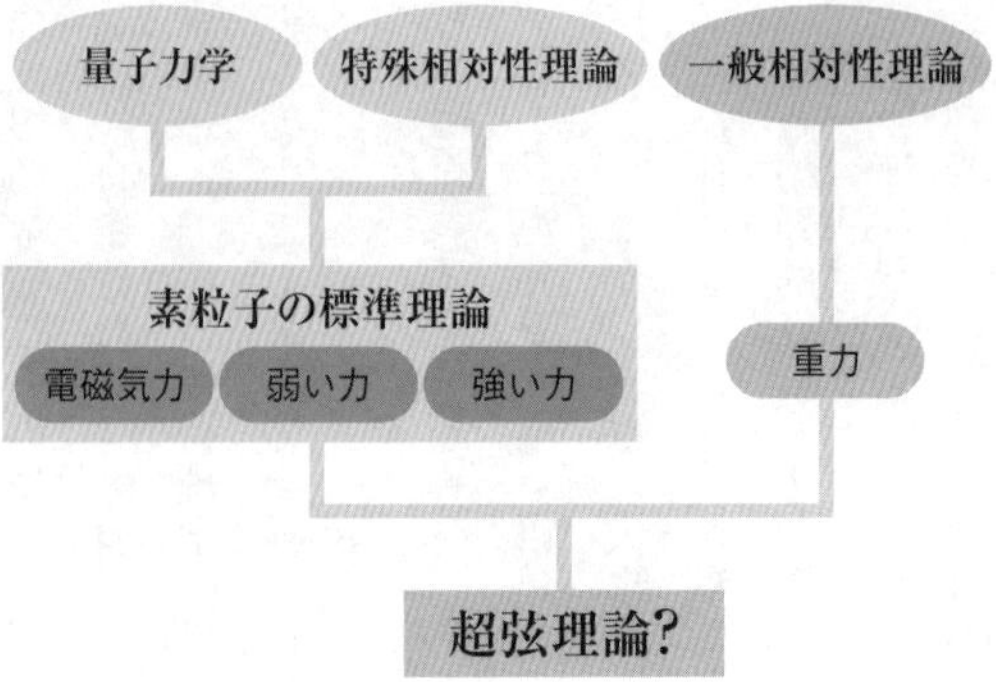

物理学はその意味で、いわば人類共通の課題に挑んでいるわけだ。

そういう課題がある以上、戦争などしている場合ではない。人類が一致団結できる最大のテーマが、ここにある。

だから、物理学がイノベーティブな技術に役立つかどうかは二の次の話だ。

例えば現代の生活に欠かせない電子や電磁波も、役に立たせるために発見されたわけではない。自然界の根源を探る過程で見つかり、結果的に技術と結び付いた。「選択と集中」などと言って、すぐに役立ちそうな技術開発にばかり投資していたら、どちらも発見は遅れただろう。

むしろ私は「役に立たない科学の役に立ちたい」

と思う。

政治家や経済界も、すぐ役に立つ研究成果ばかり欲しがるのではなく、自らが科学の役に立つことを考えてはいかがか。

科学者とともに知的好奇心を満たそうと努力するのは、シンプルに楽しい。そのプロセスから、イノベーションを起こす新たな知見もスピンオフされるに違いない。

学問のポイント

・入門書で学問の豊かさに触れる
・人類共通の課題に挑む

「美術鑑賞力」を鍛え、美意識を高める

鍛えられた美術鑑賞力は混沌とした時代を生き延びるカギとなる

青い日記帳（美術ブロガー）

美術は、読書やネットサーフィンなどの趣味に比べると縁遠く感じるだろう。

海外旅行のときもそうだが、せっかく美術館へ行っても作品をどう見たらよいのか、何を得られるのかといった漠然とした不安があるからではないか。

確かに学生なら無理もないが、人生経験を積んだ大人であればそれは杞憂《きゆう》である。

恐れることなく美術館へ足を運んでみよう。

今の自分が欲する「気づき」という名の宝物が待っている。

まず、宝物を見つける美術鑑賞のコツをいくつかご紹介したい。

感じたことを書き留める

美術館やギャラリーには展示してある作品名や作家名が記された展示リストがある。それを片手に第一印象をメモ書き程度に書き込んでみよう。

言葉にするのが難しければ○×△など記号を付すだけで十分だ。

美術鑑賞としては、ただ漫然と見るのではなく、自分の感じたことを書き留めておくことがとても有意義なのである。

写真撮影が可能な展覧会も増えているが、スマホで簡便に写真に撮ってしまうと「見る」「感じる」「書く」という鑑賞時の大事な3要素が抜け落ちてしまう。

次に、自分の好みに合った作品と出合えたら気になる箇所を3～5個挙げてみよう。

色合いや描かれているもの、雰囲気などどんなことでも構わない。

それを書き残しておくことで一枚の絵のどこに自分がひかれるのか、どんな作品が好きなのかがおのずと浮かび上がる。「推し」が見つかるのだ。

能動的に感じる

どんな趣味や学びでも「推し」があるのとないのとではモチベーションに大きな違いが生じる。

自分の推し絵、推しポイントを見つけてしまうと美術館へ行くのもがぜん楽しくなり、探究心も湧いてくる。

それこそ学びの時である。

「推し」については、ネット、その次に画集などで調べていくうちに自然と絵画の歴史（美術史）にも触れられる。

私はロートレックという19世紀末にフランス・パリで活躍した画家にひかれ、絵はがきを部屋に飾ったりしながら彼についての本を読みあさった。

そうして知識が加わると絵画鑑賞も次のステージにランクアップする。

「何となく好き」から「こういう理由で好き」となればしめたものだ。

美術鑑賞に「正解」はないが、こうして能動的に見て感じたことをストックし、体得したものこそ自分だけの唯一無二の宝物となりうる。

このノウハウこそ、混沌とした今の世の中を生き抜く有用な武器となる。

それはビジネスの場面でも同じことだ。

今は、筋道に沿い物事を整理し論理的に結論を導き出すロジカル思考では、問題解決が困難な時代なのだろう。

アート鑑賞で得られる思考法が注目されているのもうなずける。

常識では太刀打ちできない場面に遭遇したとき、こうして身に付けたアート思考や美意識こそが、問題解決の扉を開けるカギとなるはずだ。

学問のポイント

- 感じたことを書き留める
- 「推し」を早く見つける

インタビュー

深井龍之介

COTEN代表

「知のマラソンを続け、常識の枠を飛び出せ」

ふかい・りゅうのすけ
1985年生まれ。九州大学文学部卒業後、大手電機メーカーに就職。退職後、ベンチャー企業取締役に就任。2016年にCOTENを設立。

人気の音声配信番組「歴史を面白く学ぶコテンラジオ（COTEN RADIO）」を主宰する深井龍之介さんに、人文学を学ぶ意義や勉強法などについて聞いた。

――なぜ歴史の勉強を？

大学2年生の頃、たまたま中国の古典を読んだ。それまで古典は古い考えと思っていて、どちらかといえばバカにしていた。だが、近代の学者より孔子や墨子などの思想のほうが合理的に感じられたのが私の中では大きな発見だった。それからは、世界史、日本史を問わず、幅広い時代について勉強するようになった。

重要性が増す人文学

――働く中で歴史が役に立ったと実感したときはありますか。

新卒で入社した電機メーカーを辞めると決断したとき、業績がよい会社だったので周りにいたすべての人たちから反対された。しかし、ちょうど中国の後漢王朝について勉強していて、滅びゆく様子が会社の状況と似通っていると感じた。それで、いずれ経営が立ち行かなくなるだろうと……。誰も信じてくれなかったが、私の中では「もう無理」という確信があった。6年後にそのとおりになった。

その後はベンチャー企業の経営へ。ベンチャーが人や資金を集めるには、ビジョンやミッション、パーパスなどと表現される哲学がしっかりしていなければならない。だが、私が関わったベンチャー企業のメンバーは全員30歳以下で、二十数年生きただけの人生観でいくら考えても大した哲学は生み出せなかった。二千数百年の人文知には絶対的に勝てない。だから、偉人たちの人文知を踏まえて考えるのが重要だと思った。

例えばビジョンを語るには、ウェルビーイングや幸せについて考える必要性がある。このときたかだか二十数年ぐらいの人生経験だけで考えるのと、アリストテレスの『ニコマコス倫理学』や、陽明学（儒教）の「知行合一《ちこうごういつ》」や「致良知《ちりょうち》」といった概念、仏教の教えなどまで知ったうえで考えるのでは明らかに知性のレベルが違う。この違いを理解できる人が少ないのがもどかしかった。それはベンチャー企業で働く人の多くが、経営やマーケティングの勉強はしていても人文知には手をつけていないからだ。

——リベラルアーツと人文学の違いはどこにありますか。

リベラルアーツはHOWを問わず、WHYとWHATを探究している学問の総称で、自然科学や生命科学も含まれる。人文学はより範囲が狭く、自然科学などは含まない。人文学の「親玉」で、キング的な存在が哲学。それ以外に文学、宗教学、社会学、人類学などがある。私が人文学に重点を置いているのは、いまだ多くの人に重要性が認識されていないからだ。

日本に住むほとんどの人が、自分で自分の人生を決められる時代を生きている。さまざまな権利が認められている世の中だが、裏を返せばサルトルが「人間は自由の刑に処せられている」と言ったように、自由であるがゆえに私たちはその都度、人生や幸せについて深く考えなければいけない。もう万人が幸せになるようなモデルケースはない。考える手だてとして、あるいは観点の提供として、人文学の重要性が増していると思う。

海外に出て初めて日本がどのような国かわかることがある。同じように、現代しか生きていない私たちは歴史を勉強しない限り、今がどのような時代なのかをあまり理解できない。そのため、歴史を学んでほかの時代との違いを知れば、現代社会を俯瞰《ふかん》できるようになる。

面白がることから始める
——40~50代が人文学を学ぶポイントは。

40代、50代の人が生まれ育った時代と現代とでは、環境も人々の意識もずいぶん変わった。今までの自分たちの思考やフレームワークの外にあって、理解しづらいことが結構あると思う。だが、ビジネスの現場では、自身の常識の外側にある考えに触れ、理解しようとする姿勢が問われる。その際、役に立つのが人文学だ。人文学の問いにはそもそも答えがない。わからないが、向き合う。整理できないが、立ち向かう、といった知的体力が求められる。考えて、探究し続ける「知のマラソン」をしてほしい。

ファスト教養という言葉もあるが、入り口としては悪くないはず。だが「取りあえず教養として知っておこう」「ビジネスに活用しよう」で終わるのではなく、自身の考えが覆されるほど深く学ばなければもったいない。

人によって異なるが、ビジネスパーソンにお薦めの人文学は人類学、歴史、社会学などだ。いずれも面白いうえに新しい発見を得やすく、常識だと思っていた概念を壊すことができる。

義務感で学ぶ必要はないが、そもそも知的好奇心がない人は、あまりいないと思う。人文学は人間と社会を探究する学問群なので、スポーツや音楽など好きな領域から入っていけるよさがある。自身の常識と異なる領域の探究を進める、という点で言えば海外旅行やボランティア、普段話さない人との会話でもよい。取り組みやすく、興味のある領域から入り、学びを面白がるところから始めたい。

――お薦めの勉強法は。

私は活字を読んで頭に入れるタイプなので、番組の配信のために1つのエピソードにつき100冊以上の本に目を通して台本を作る。勉強法は人それぞれ。COTEN RADIOを、ウォーキング中や運転中に「ながら聴き」している経営者も多い。事前に旅先の歴史や文化について学んだり、滞在中に現地の暮らしや文化を感じたりするのも立派な学びだ。

（聞き手・ライター　吉岡名保恵）

COTEN RADIOとは？

「歴史を面白く学ぶコテンラジオ（COTEN RADIO）」は、日本のApple Podcast「総合」カテゴリーで1位を獲得するなど人気の高いインターネット音声配信番組。主に深井氏ら3人がパーソナリティーを務め、軽快なトークで日本や世界の歴史をひもといていく。

吉田松陰《よしだしょういん》や諸葛孔明《しょかつこうめい》などの人物、もしくは宗教改革や第1次世界大戦といったテーマごとにエピソードを分け、さまざまな角度から1エピソード当たり十数話を配信する。本編、番外編、特別編などがあり、配信数は約400話（2022年9月末現在）となる。

番組は高度な内容も少なくないが、「難しいまま受け取ってもらうのが重要」（深井氏）だとして、ポリシーを貫くために広告やスポンサーはあえてつけていない。ビジネスパーソンからの支持が高く、「聴取を通して物の見方や人生観が変わった」などの声が寄せられている。

一方、COTENは世界史を独自に整理したデータベースの構築を目標としている。これは過去に起きた類似のパターンをデータベースから手軽に検索できるようにしたもの。国や企業、個人それぞれが物事の判断や決定をする際、参考にしてもらう予定だという。

第3章　学び直しのための基礎知識

——一歩を踏み出すために制度や講座を知ろう

学び直し講座の正しい選び方

国や企業が学び直しを後押し。では、何をどう選べばよいのか

大正谷成晴（ライター）

「骨太の方針２０２２」に学び直しに関する項目が盛り込まれ、岸田首相は22年10月の臨時国会における所信表明で、学び直し支援に5年で1兆円を投じるとした。

人的資本経営の情報開示のあり方についても議論が進められ、有価証券報告書に人材育成方針や社内の環境整備方針の記載が求められるようになる。

官民が強力に推進し始めた格好だが、では、私たち個人は学び直しにどのように踏み出せばよいのだろうか。

気になる分野をまずは調べてみる

まず個人が考えたいのは、自分が学びたい知識やスキルは何か。そして、資格を必要としているのかどうか。今の仕事の延長線上として考えるのか、逆に異分野・異業種へのチャレンジをしたいのか、といった点である。

まずは手軽な方法で調べてみることである。

「具体的な将来像があるのならピンポイントで調べる。『学びたい分野名＋リカレント教育』で検索する手もある。インターネット上で得られる情報は多く、どうやって進めればよいか方向が見えてくる」

そう話すのは、これあらた代表で、キャリアコンサルタント・日本女子大学リカレント教育課程担当講師の冨山《とみやま》佳代《かよ》氏である。

大学などでの学び直し講座情報や学び直しの支援制度情報を発信する「マナパス」、デジタルスキルに関する情報をまとめた「マナビＤＸ」、トレーニングプログラムの紹介とともに就職・転職・副業・アルバイトをマッチングする「日本リスキリングコンソーシアム」など、官民によるオンラインサービスも、自分に合った学び直しを広く探し出すのに便利だ。

「20〜30代は言うまでもなく、40代以上のマネジメント職にもＭＢＡは根強い人気。ＤＸなどデジタル関連は若い世代に必要なスキルと思われがちだが、管理職にも知識は求められる。企業はこれらの学び直しを積極的に支援し始めている」（冨山氏）

最適な環境を見つける

自分が身に付けるべき経験や知識、スキルは何か。

その考えが定まってくると、どういった場所で学べばよいのかも見えてくる。

「汎用的な知識やスキルなら、福利厚生で学び直し、資格取得を支援する企業や団体、講座などを探してみてもよい」（冨山氏）

最初から身の回りの外に目を向けるのではなく、所属企業・団体の内部で利用できる制度があるかどうかを確かめたい。

学術的・体系的に学びたい、学び直しを通じて人脈を形成したいという目的なら、大学院や大学、通信制大学などが候補に挙がる。

教員や職員によるフォローが期待できるのが大きい。

「同級生との交流がモチベーションの維持やフィードバックの機会になり、後の人脈にもつながっていく」（冨山氏）

ＭＢＡ取得であれば一橋大、早稲田大、慶応大、グロービス経営大学院などが有名だ。

「選択肢は多いので、カリキュラム内容、教授陣、授業実施形態（対面、オンライン、昼間、夜間）から選ぶのもよい」

リカレント・リスキリングへの第一歩

学びたい知識・スキル、取得したい資格がある

↓

ピンポイントでリサーチ・検索

学びたい・関心の深い分野がある

↓

分野名（DX、地方創生、環境など）＋リカレント教育、社会人などで検索

広く探してみたい

↓

マナパス（文部科学省）、マナビDX（経済産業省）、日本リスキリングコンソーシアム（総務省、経産省、デジタル庁）などで検索

（出所）冨山氏への取材などを基に筆者作成（147、151、152ページも同）

と冨山氏は話す。

多忙で時間が取りにくい場合は、通信教育で学び、卒業すると大学の卒業資格が得られる放送大学などの通信制大学がよいだろう。

大学・大学院に正規入学しないで正規課程の科目をオンラインや対面授業でピンポイントで学べる「科目等履修制度」「聴講制度」や、大学・大学院が社会人を対象に学習プログラムを提供し、修了者に対して履修証明書を交付する「履修証明プログラム」の活用も考えたい。

大学などの正規課程と60時間以上の体系的な教育で構成される履修証明プログラムで、主に社会人を対象とした実践的・専門的な課程の「職業実践力育成プログラム（BP）」は、学び直しの支援を目的とした文部科学省による施策である。

大学などの体系的なカリキュラムを受講することで、自分が必要と考える能力を獲得しやすい。

企業などの意見を取り入れた実践的、専門的な講義はキャリアアップや再就職などにもプラスに働く。

週末・夜間開講や集中開講など、社会人の受講にも配慮していて、受講者や企業に対し受講料などの一部が支給される制度の対象になるか否かも確認するとよい。

専門学校のうち、企業と連携しながら実践的な職業教育に取り組む学科を文部科学省が認定する「職業実践専門課程」は、最新の実務の知識や技術、技能を身に付けるのに向いている。すでに１０００校以上、３０００以上の学科が認定されている。

ほかにも、資格を活かしたいなら資格スクール、セミナー、ウェブコンテンツやアプリ、書籍による独学など、学びのスタイルはさまざまだ。

リカレント・リスキリングに最適な場所

実践とともにスキルの向上・取得を図りたい
↓
所属企業・団体内

学術的・体系的に学ぶ。人脈をつくりたい
↓
大学院、大学などの教育機関

資格を取得して活かしたい
↓
資格スクール

短期、隙間時間で学びたい
↓
オンライン、大学など（公開講座）

「専門的にしっかり学ぶなら大学などの対面・オンライン授業、忙しいなら夜間・土曜開講などを利用する。ライトな学びでよいなら、アプリなど独学でも構わない」（冨山氏）。

支援制度をうまく活用

ただ、学び直しでいちばん気になるのは、学費かもしれない。

ファイナンシャルプランナーの風呂内亜矢《ふろうちあや》氏は、自身の体験を交えて次のようにアドバイスする。

「通信授業が基本の放送大学は、履修する授業の数にもよるが、全科履修生になり、数年かけて学ぶ場合、学費の合計は70万円ほどだ。私は以前、好きな科目だけ履修する科目履修生（在学期間半年間）として入学したが、1科目当たりの授業料は1万1000円。入学金7000円と合わせ半年間で学費は2万円を切った」

資格取得が目的なら専門スクールの活用が一般的だが、無料の動画コンテンツやアプリも充実している。

独学はモチベーションの維持が難点だが、費用を抑えることを優先する学び直しであれば、トライする価値はあるだろう。

「資格取得など結果を重視するなら、有料のスクールの力を借りるのが効果的だ。じっくり学ぶなら大学や専門学校、マイペースで構わないならオンラインなど、自分の目的に応じて学ぶ方法を選べばよい」（風呂内氏）

金銭面の負担を抑えるには、各種支援制度の活用も検討したい。

代表的なのは、雇用保険の給付制度の1つである「教育訓練給付金」だ。

厚生労働省が指定する講座を受講すると、費用の一部を国が補助するというものだ。

対象となる資格・講座は「輸送・機械運転関係」「情報関係」「専門的サービス関係」「事務関係」「医療・社会福祉・保健衛生関係」「営業・販売関係」「製造関係」「技術・農業関係」「その他」に分かれ、自動車の運転免許や建築ＣＡＤ検定、中小企業診断士、看護師などが含まれる。その数は約１万４０００講座で、教育訓練給付制度の「検索システム」で調べられる。オンラインや夜間・土日に受講できる講座もある。

「教育訓練の種類により、受講費用の20～50％（年間上限10万～40万円）が支給され、資格取得後１年以内に雇用保険の被保険者として就職すると追加支給される（計最大70％）」

（風呂内氏）

給付を受けるには雇用保険の加入期間などの条件があり、基本的な手続きはハローワークで行う。

「高等職業訓練促進給付金」は、ひとり親家庭の支援を目的とした制度で、特定の国家資格やデジタル分野の民間資格の取得のために修学すると、その間の生活費として10万円を支給する。都道府県や市区町村で相談を受ける。

「求職者支援制度」は、本人・世帯収入・資産額などの要件を満たすと、3〜6カ月の訓練受講中に月10万円の職業訓練受講給付金と交通費（実費）が支給される。受講対象は「公共職業訓練」もしくは、民間による「求職者支援訓練」。

「雇用保険の被保険者でない、本人収入が8万円以下などの要件があるが、働き方を変えたい人には心強い」（風呂内氏）

企業によっては留学や資格取得の費用を負担するところもある。

「勤務先の支援制度や福利厚生の内容は必ず調べておくこと。思わぬサポートが受けられるかもしれない」

と風呂内氏は話す。
さまざまな形で学び直しの場が増えてきたことは、行動に移すチャンス。

期間・費用などの注意点

一方で注意点もある。
「長期で深く学ぶのはお薦めだが、今の働き方に合うかは事前に検討したい。知識学習な

支援制度

教育訓練給付金
能力開発、キャリアアップを支援。対象講座を修了すると受講費用の20〜70%（上限額あり）が支給される

高等職業訓練促進給付金
ひとり親の経済的自立を支援。看護師などの国家資格やデジタル分野などの民間資格の取得を目的とした修業中の生活費として月10万円を支給

キャリアコンサルティング
キャリア形成サポートセンターでキャリアコンサルタントに無料で相談できる

公共職業訓練、求職者支援訓練（“ハロートレーニング”）
求職者が希望する仕事に就くために必要な職業スキル・知識などを無料で習得できる

福利厚生サービス
リロクラブ、ベネフィット・ステーションなど勤務先加入の制度を活用

奨学金
大学などで学ぶ場合

受講の際の注意

期間・内容
とくに長期で学ぶ場合、今の働き方と合わせられるかを検討

費用
支援制度などと照らし合わせて検討すること

学び方
テキスト、オンライン・対面など、どうやって学習するのかチェック

修了用件
出席要件や提出物、論文執筆などの要件を確認しておくこと

のか、それとも資格取得、ネットワーク構築なのかなど目的を明確にし、それに合った内容、受講者層のカリキュラムを選ぶこと」（富山氏）

「高額な講座もあり、万が一何も得られなくても納得できる金額がいくらなのか。内容は費用に見合っているのかは、口コミなども参考にチェックすること。機材や交通費など、学費以外の費用がどれくらい必要になるかも知っておいたほうがよい」（風呂内氏）

「学び直しの場は大学やスクールとは限らない」とクギを刺すのは、ミドル・シニア世代の転職支援などを手がけるルーセントドアーズ代表の黒田《くろだ》真行《まさゆき》氏だ。

「学校ありきで考えず、転職や副業の形で始めてもよい。どんな自分になりたいかを起点に始める。そうすると、学び直しの場所探しで間違うことはない」
とアドバイスする。

官民で進む「学び直し」支援

官民がタッグを組んだ推進組織も続々誕生

大正谷成晴（ライター）

今、企業では「人的資本経営」が重視されている。

人材活用が経営を左右するともいわれ、学び直し支援も課題の1つだ。

人的資本経営のノウハウやポイントをまとめた「人材版伊藤レポート2・0」（経済産業省）の実践事例集では、サイバーエージェントやロート製薬など、19社の人事制度や人材育成、リスキリング制度などの先進事例を紹介している。

中でも日立製作所は事業変革を支えるグローバル共通の人財マネジメント基盤の整備、経営リーダー・DX人財の育成に着手している。

2019年に「日立アカデミー」を設立し、DXの研修体系やスキル別研修を整備するなど、次代を見据えた人材育成に取り組む。

将来の人材不足にも対応

今後、企業が求める労働力の質や量も激変していくと予想され、DXやサステイナブル経営などに長けた人材は引っ張りだこになる。

だが、そういう人材があちこちにいるわけではなく、企業は育てていくしかない。学び直し施策の重要度はますます上がっていく。

官民を挙げた取り組みも増えている。

一橋大学CFO教育研究センター長の伊藤邦雄《いとうくにお》氏やキリンホールディングス社長の磯崎《いそざき》功典《よしのり》氏ら計7人が発起人となった、「人的資本経営コンソーシアム」の設立総会が22年8月25日、開催された。

企業価値向上につながる人的資本経営の実践に関する先進事例の共有や企業間の協力に向けた議論、情報開示の検討が中心だが、企業の学び直しも促していく。国内437社が入会（22年12月5日時点）、経産省と金融庁もオブザーバーとして参加し、協力体制を築く。

学び直し推進組織 ―主な新団体―

団体名［関係省庁・企業など］	特徴
人的資本経営コンソーシアム ［経済産業省、金融庁、キリンホールディングス、リクルートなど］	人的資本の活用に関する実践や共有、情報開示のあり方を検討
日本リスキリングコンソーシアム ［総務省、経済産業省、デジタル庁、グーグル、エン・ジャパンなど］	リスキリングの機会増を目指す。200超のトレーニングプログラムと就業支援サービスをウェブで提供
ジャパン・リスキリング・イニシアチブ ［ベネッセコーポレーション、日本経済新聞社など（アドバイザリーボード）］	政府・自治体向けの政策提言、企業向けのリスキリング導入支援

有名企業の事例

主な企業	取り組み
サイバーエージェント	新卒社長、経営チームへの次世代抜擢、社外人材を活用した組織的リスキルを実践
日立製作所	DX人財の確保・育成目標を設定し、DX人財の育成体系を整備
ロート製薬	社外複業、起業支援、オンラインを活用した学びのプラットフォームなどを提供

（出所）経済産業省「人材版伊藤レポート2.0」を基に筆者作成

「国内外で議論が進められている情報開示のあり方を検討し、企業価値の向上に深く関わる、学び直しについても実践事例を共有していく方針だ」

と話すのは、経産省経済産業政策局課長補佐の亀長《かめなが》尚尋《なおひろ》氏。

当面は実践と開示の2本柱で組織を運営し、分科会などを通じて知見を積み重ねていく。「ここ2～3年で投資家と企業の間で人的資本の話題が挙がることが増え、人的資本について企業と投資家の対話がさらに活発になることが期待される。官民で議論・支援する環境を整えていきたい」（亀長氏）

22年6月16日には、学び直しの機会を提供する「日本リスキリングコンソーシアム」も発足した。

ウェブサイトを開設し、DXやAIなど200を超えるトレーニングプログラムと就業支援サービスを提供する。

グーグルを主幹事とし、トレーニングプログラムを提供するリスキリングパートナー、受講者の就業を支援するジョブマッチングパートナーなどが参画し、総務省、経産省、デジタル庁、自治体などもバックアップする。

さらに産学協同を見据えたキャリア形成の推進もくろむ。

経団連は企業が社員に大学などで学ばせたいメニューとして、「DX」「グリーン成長・GX」「地域活性化」を明示する。

オンラインの無料講座で学びのテーマ探し

時間や場所を選ばないオンライン学習で学びの一歩を踏み出そう

勝木友紀子（ライター）

学び直しを始めたいが、何をすればいいかわからない。

せっかく学ぶなら、さまざまなジャンルに触れてから選びたい。

そんな人は、無料で受講できるオンライン学習から始めてみてはどうだろう。

パソコンやスマートフォンを活用すれば、大学レベルの講義や仕事に役立つ実践的な知識を、費用をかけずに学ぶことができる。

レベルの高い公開オンライン講座

大学の授業相当の本格的な動画講義を受講できるのがＪＭＯＯＣ（ジェイムーク）。２０

14年から日本でMOOC（大規模公開オンライン講座）の提供を開始し、学習者数は延べ150万人を超える。

JMOOCのサイトは複数のMOOC配信プラットフォームのポータルサイトとなっており、プラットフォームを横断して講座を探すことができる。

受講はすべて無料（一部有料オプションあり）。アカウントを作成すれば誰でもオンライン学習を始められる。

JMOOC企画講座の「AI活用人材育成講座」をはじめ、IT関連の講座が充実。ほかにも、大学や企業、各種団体が提供する動画講座が公開されている。理工系の基礎科目、人文系の教養講座、語学、海外の大学の動画に字幕を付けたものなど、学べるジャンルは多岐にわたる。

標準的な構成の講座では、1単元60〜90分の動画を視聴して小テストを受ける。各動画は1本5〜10分程度の長さに分割されており、隙間時間でも視聴しやすい。

3〜8単元受講後、講座の修了要件を満たせば修了証が発行される。一部の講座は学習歴を明示できるオープンバッジ（デジタル証明・認証）にも対応している。

「細切れの時間でも、どこででも学べる。理解するまで何度も繰り返し見ることもできる。完全にマイペースで学べるのがオンライン学習のメリットだ」（ＪＭＯＯＣ理事長・白井克彦氏）

講座によっては課題の提出期限が設けられており、その期限までに提出できなければ修了証が発行されないのでスケジュールには注意が必要。

また、閉講されると動画の視聴自体ができなくなる。

新しい講座は不定期に公開されていくので、随時ＪＭＯＯＣのサイトをチェックしよう。

ｇａｃｃｏ（ガッコ）は日本最大のＭＯＯＣプラットフォームだ。ＪＭＯＯＣに参画し、大学などと制作した講座を公開。それ以外にも、グーグルが提供するデジタルスキルトレーニングなど、さまざまな学習動画をｇａｃｃｏプラットフォームで配信している。受講は基本的に無料。さらに学びたい人向けには有料講座「ｇａｃｃｏ Ｐｒｅｍｉｕｍ（ガッコプレミアム）」も開講されている。

オンラインの教室

生放送の授業を毎日配信し、「双方向で」「みんなで」「無料で」学べるオンライン学習サービスが、11年にサービスを開始したＳｃｈｏｏ（スクー）。

登録会員数は約78万人で、コロナ禍の２年で１６０％増加したという。

サービスの核となる生放送授業は毎日１〜３本、主に19〜22時の時間帯に配信。

JMOOC　https://www.jmooc.jp/

日本のMOOCポータルサイト。複数の配信プラットフォームで公開されている、大学や企業などが提供する本格的なオンライン講座を探すことができる。

gacco　https://gacco.org/

NTTドコモグループのドコモgaccoが運営するMOOCプラットフォーム。上記JMOOCから受講できるもの以外にも、教養からビジネススキルまで、幅広い講義を開講する。

Schoo　https://schoo.jp/

チャットを活用した双方向型の生放送授業を毎日配信。仕事に役立つスキルや、未来に向けて必要な教養の授業を提供する。有料のプレミアムプランでは8000本以上の録画授業を視聴可能。

参加者はチャットに書き込むことで、リアルタイムで講師からの問いに答えたり、意見や質問を述べたりすることができる。

チャットでは参加者同士の会話が盛り上がることもあり、実際の学校の教室のような楽しい雰囲気で授業を受けられる。

スクーの授業で取り上げるジャンルは非常に幅広い。コンセプトは「時代にリンクした学び」。コンピュータ関連の授業をはじめ、ビジネススキル、仕事術など、ビジネスパーソンがすぐに役立てられる知識と、アート、自然科学、社会などのリベラルアーツ、つまり未来に向けて必要な教養を両軸に講座を展開している。

「サービスに関する検索ワード、受講者の満足度評価やコメントなどから、ニーズがあるテーマを探って授業に反映させている。業界で今現在活躍されている方を講師としてお呼びし、現場のナマの知識をお話しいただくことも多い」（スクー広報・大金歩美《おおがねあゆみ》氏）

無料生放送が売りのスクーだが、生放送だけでは視聴できる時間や授業の制約が大きい。

過去の授業で学びたいものがあるなら、8000本以上の録画授業が見放題になる月980円、年9800円（消費税込み、以下同様）のプレミアムプランを検討してもいいだろう。

これら以外にもオンラインで無料で学ぶ方法はある。

例えば大学の講義や資料をインターネットに公開するＯＣＷ（オープンコースウェア）。京都大学ＯＣＷや東京大学のUTokyo OCWなどが有名だ。東京大学には、公開講座や講演会の動画を配信するサイト、「東大ＴＶ」もある。

ポッドキャストや、Ｖｏｉｃｙ（ボイシー）などの音声プラットフォームでも学びに関するコンテンツが多数配信されている。

有料でさらに学ぶ

興味ある分野の学びを深めたり、さらに広い分野から学んだりしたいなら、有料のサービスも検討してみよう。

ビジネスで役立つ実践的な知識を体系的に学べるのはグロービス学び放題（半年1万１０００円、1年1万９８００円）。定額制で５５００本以上の動画が見放題となる。NewsPicks Learning（ニューズピックスラーニング）は最先端のテーマやビジネスのノウハウを中心に動画を提供する（月４０００円、ニューズピックス記事読み放題など含む）。

リベラルアーツに力を入れるのはテンミニッツTV。大学教授をはじめ各界の専門家による、1話10分の幅広い分野の教養講座を受講できる（月1980円、年1万9800円）。Udemy（ユーデミー）は各業界のプロフェッショナルが自ら提供する動画講座を購入できるサービス。開発、プログラミングなどコンピュータ関連のスキルを中心に、ビジネススキル、教養など広範なジャンルを扱う。

1本ごとの買い切り式で、価格は数千円から数万円までと講座によりまちまちだが、セール時には大幅に値下げされるのでチェックしておこう。

さらに、文部科学省の委託を受けたポータルサイト、マナパスでは、大学・専門学校などで開講されている、社会人向けの講座をさまざまな条件で検索できる。大学など教育機関での本格的な学び直しを検討する際に役立つだろう。

コミュニティに参加して学びを継続

メリットは学ぼうという前向きなエネルギーを分け合えること

勝木友紀子（ライター）

何かしらの学び直しを始めたものの、1人では継続できず、挫折した経験を持つ人は多いだろう。

自分と同様に、学ぼうという意思を持つ人たちのコミュニティに参加して仲間を見つけることは、学びにどんな影響があるのだろうか。

オンラインコミュニティ

オンラインコミュニティ（オンラインサロン）は2018年ごろから堀江《ほりえ》貴文《たかふみ》氏、キングコング西野《にしの》亮廣《あきひろ》氏などがメディアで話題にしたことで認知度が向上。コロナ禍を経てその市場はさらに広がりを見せている。

オンラインコミュニティとは、オンラインで運営される、会員制のクローズドなコミュニティのこと。通常、コミュニティには主宰者がおり、メンバーは会費（参加費）を払ってその活動に参加する。

オンラインコミュニティの代表的なプラットフォームは、ＤＭＭオンラインサロン（以下ＤＭＭ）とCAMPFIREコミュニティ。最大手であるＤＭＭの現在のサロン数は１５００以上、有料会員は15万人以上に上るという。

「会費を払ってまでコミュニティに入り、同じ目的に向かっていこうという熱意のある人が集まるので、活動に非常に前向きな姿勢で取り組む」ことがオンラインコミュニティの特徴だと、DMM.comのオンラインサロン事業部事業部長、豊好竜弥《とよよしたつや》氏は言う。

また、目的を共有しており、クローズドな場でのコミュニケーションであるため、ＳＮＳなどのオープンな場に比べて、炎上などが起こりにくい傾向もあるという。

実践型・体験型の学び

コミュニティの用途は大きく「ファンクラブ」「レッスン」「プロジェクト」「その他」の4つに分けられる。

このうち、いわゆる「学びの講座」のイメージに近いのは「レッスン」だろう。これは専門家からの知識・ノウハウの共有を主な目的とするもの。主宰者からはさまざまな形で情報が発信される。例えば、コラムなどの文章、レクチャー動画、ゲストとの対談動画、オンラインミーティングなど。オフ会を開催し、主宰者と会員が直接交流することもある。

「プロジェクト」は会員同士で課題に取り組むもの。グッズを作ったり、製品開発をしたり、店舗を立ち上げたりと、その形はさまざまだ。

課題を設定し、それを協力して解決していくという、オンラインコミュニティならではの実践型・体験型の学びが得られる場だといえるかもしれない。

DMMの場合、月額会費のボリュームゾーンは2000円から3000円だが、「堀江貴文イノベーション大学校」や「落合陽一塾」のように1万円を超えるサロンもある。だが「そこにはそれ以上の価値がある」と豊好氏。

「普通なら会うことのできない著名人、専門家から直接指導を受けることができ、双方向の関係が生まれる。会員同士でも学び合い、競い合う関係ができる。『学び』を考えたとき、その熱いコミュニケーションの場に身を置けることには、会費を超える価値がある」

ただ、従来の座学の講座のイメージで、人から与えられることを待つだけの姿勢では、会費分を学びきれないかもしれない、とも。

「積極的にオフ会に参加したり、オンラインでも自分から質問したり人に教えたり。自ら他者と関わり、アウトプットしていくことで、1人で学ぶよりもはるかに濃い学びができる。一歩踏み出すことで、会費の価値は自分で変えられる」（豊好氏）

トラブルに注意

大手のプラットフォームを使わないオンラインコミュニティもある。フェイスブックの非公開グループや、Discord や Slack といったアプリを用いた「独自型」のコミュニティも多数運営されている。

ただし、プラットフォームを通さないこれら独自型のコミュニティにおいては、「投資で儲かると勧誘されて会費を納入したが、儲からず解約もできない」「会費以外に高額な商品を購入させられた」といった詐欺トラブルも発生している。

オンラインコミュニティは事前に実態を見ることができない。

独自型に参加する前には主宰者やコミュニティについて検索し、評判を確認してから契約することを推奨する。

なおＤＭＭでは主宰者の事前審査、コミュニティの巡回監視、通報機能、専用コミュニ

オンラインコミュニティ参加のポイント

探す

DMMオンラインサロンやCAMPFIREコミュニティなどのオンラインコミュニティの大手プラットフォームでは、目的に合ったコミュニティを検索可能。フェイスブック、ツイッター、noteなどから見つける方法も

↓

入会する

事前に主宰者、参加費、利用するプラットフォーム、活動内容、参加人数などを確認。SNSなどで評判を検索してみるのもよい。目的に合うようであれば指示に従って入会と参加費支払い（有料の場合）の手続きを

↓

活動する

動画やテキストによる主宰者からの情報発信や、参加者同士の勉強会・交流会の開催など、コミュニティによって活動内容はさまざま。受け身ではなく、自ら発信し、積極的に交流に参加することが、学びを充実させるうえでのカギとなる

ティ機能で1対1のコンタクトを取れないようにするなど、安全確保への取り組みを行っている。不安があれば、大手プラットフォームから参加するほうが安心だろう。

学ぶコミュニティの効果

オンラインコミュニティが生まれる前から、実際に顔を合わせる場で、学ぶ人同士のつながりづくりを媒介してきたのが、ブックマークスが展開する「勉強カフェ」だ。08年に1号店を出店し、現在は全国31店舗、会員数は約5000人。入会費は1万1000円（税込み）、平日夜と土日フルで使えるレギュラーコースは首都圏の店舗では月1万3000円程度だ。

いわゆる有料自習室だが、店舗スタッフが声をかけて会員同士のコミュニケーションを促し、リアルな店舗を起点にした学びのコミュニティづくりを進めるところが特長だ。「学ぼうと思っても、1人ではついサボってしまって続けるのは難しい。忙しい社会人であればなおさらだ。また、会社の人間関係の中では勉強していることをオープンにしにくいこともある。そんな人たちに、共に学び合え、自分の素を出せる人間関係のある居場所を提供したい」とブックマークス社長の山村宙史《やまむらひろし》氏は話す。

山村氏は、勉強カフェで仲間ができたことによって、人生を大きく変えた人を何人も見てきた。

「会社では話せない起業のアイデアを、利害関係のない人に話すことで検証し、実現した人がいた。『勉強カフェ』で初めてほかの人にエクセルを教えたことをきっかけに独立し、今や引っ張りだこのエクセル講師になっている人もいる」

あえてやる必要のない勉強に、自ら進んで取り組もうという人は意識が前向きだ。

そういう意欲的な人と同じ空間にいると、ただ雑談をしているだけでも、それまで元気のなかった人も、顔が晴れやかになっていくのだという。

学ぼうという前向きなエネルギーを互いに分け合えること。それが、コミュニティに属して学ぶことのいちばんの効果なのかもしれない。

執筆者略歴（登場順）

圓岡《まるおか》志麻《しま》

ライター。１９９６年東京都立大学人文学部史学科を卒業。トラック・物流業界誌出版社での記者5年を経てフリーに。得意分野は健康・美容、人物、企業取材など。

西《にし》 紘永《こうえい》

ＲＥＭＩ株式会社執行役員。ＩＴコンサルティング会社でＷｅｂマーケティングを経験後、独立。コンサルタント、Ｗｅｂマーケター、データアナリストなど、幅広く活動中。統計学のブログを運営。

酒井《さかい》麻里子《まりこ》

ＩＴライター、デジタル分野の企業取材や経営者インタビュー、技術解説記事、スマホなどの製品レビューなどを手がける。情報セキュリティマネジメント試験にも合格。株式会社ウレルブン代表。

白川《しらかわ》敬裕《たかひろ》

原・白川法律事務所弁護士。東京大学法学部卒業。大学在学中に司法試験に合格し、当時最年少の24歳で裁判官に任官。２００３年から弁護士に転身し、中小企業を対象に総合的な法律援助を行う。

吉岡《よしおか》名保恵《なおえ》

ライター。同志社大学を卒業後、和歌山県の地方紙で記者として勤務。国立大学医学部の非常勤職員などを経てフリーに。ビジネス、教育、ライフスタイルなどを中心に幅広く取材やインタビューを担当。

塚崎《つかさき》公義《きみよし》

経済評論家・元大学教授。日本興業銀行（現みずほ銀行）入行。主に経済調査関係の仕事に従事。銀行を退職し、久留米大学に移る。２０２２年に定年退職。著書に『大学の常識は、世間の非常識』など。

仲宇佐《なかうさ》ゆり《ゆり》

ライター。電機メーカー勤務、週刊誌のカルチャーページの編集・執筆、秘書などを経て、ラジオ、テレビ、本、美術展などについて取材、執筆。

野崎篤志《のざきあつし》
イーパテント社長、知財情報コンサルタント。知財情報の分析・コンサルティングを提供。KIT虎ノ門大学院、大阪工業大学大学院客員教授。特許情報普及活動功労者表彰、特許庁長官賞受賞。『調べるチカラ』など著書多数。

宇山卓栄《うやまたくえい》
著作家。代々木ゼミナール世界史科講師を務め、著作家に。各メディアで、時事問題を歴史の視点でわかりやすく解説。著書に『「民族」で読み解く世界史』『民族と文明で読み解く大アジア史』など。

中村圭志《なかむらけいし》
宗教学者。北海道大学卒業。東京大学大学院人文科学研究科満期退学。宗教学専攻。『亜宗教』『聖書、コーラン、仏典』『人は「死後の世界」をどう考えてきたか』など著書多数。

奥野克巳《おくのかつみ》
立教大学異文化コミュニケーション学部教授。20代の頃から世界各地を旅し、1998年に一橋大学で博士号（社会学）を取得。桜美林大学国際学部を経て、2015年から現職。

深川峻太郎《ふかがわしゅんたろう》
ライター。早稲田大学第一文学部卒業。著書に『キャプテン翼勝利学』など。各雑誌で時事コラムを連載。フリーの編集スタッフとして、物理学関連書籍を多数手がけている。

青い日記帳《あおいにっきちょう》
Tak（タケ）の愛称でブログ「青い日記帳」を主宰する美術ブロガー。展覧会レビューや書評をはじめ、幅広いアート情報を発信。『いちばんやさしい美術鑑賞』など著書多数。

大正谷成晴《おしょうだにしげはる》
編集者・ライター。1973年生まれ。ビジネス全般、株式投資、FX、投資信託、クレジットカード、介護など、幅広いジャンルで取材・執筆を行っている。

勝木友紀子《かつきゆきこ》
編集者・ライター。出版社に10年勤務した後、フリーランスに。実用、ビジネス、教材などさまざまなジャンルのライティング・編集に携わる。

本書は、『週刊東洋経済』（東洋経済新報社）２０２２年10月22日号の特集「学び直し全ガイド」に加筆・修正したものです。

週刊《しゅうかん》 東洋経済《とうようけいざい》編集部《へんしゅうぶ》

イギリスの『エコノミスト』誌に範を取り1895年に創刊された本格派総合経済誌『東洋経済新報』が前身。通巻号数で国内最多を誇る長寿雑誌。「健全なる経済社会を先導する」という創刊理念のもと、中立的な立場から客観的、合理的で信頼度の高い情報を発信。公正な報道活動がビジネスパーソン、経営者からの支持を集める。100名近くの自社の記者・編集者が制作に参加し、外部筆者の協力も得て、雑誌を刊行している。

インターナショナル新書一二五

50歳《さい》からの学《まな》び直《なお》し入門《にゅうもん》

二〇二三年六月一二日 第一刷発行

編者 週刊《しゅうかん》東洋経済《とうようけいざい》編集部《へんしゅうぶ》
発行者 岩瀬 朗
発行所 株式会社 集英社インターナショナル
〒一〇一-〇〇六四 東京都千代田区神田猿楽町一-五-一八
電話 〇三-五二一一-二六三〇
発売所 株式会社 集英社
〒一〇一-八〇五〇 東京都千代田区一ツ橋二-五-一〇
電話 〇三-三二三〇-六〇八〇(読者係)
〇三-三二三〇-六三九三(販売部)書店専用
装幀 アルビレオ
印刷所 大日本印刷株式会社
製本所 加藤製本株式会社

 Printed in Japan ISBN978-4-7976-8125-3 C0233

インターナショナル新書

107
独学の教室
読書猿、佐藤 優 ほか全14名

なぜ、我々は独学したいのか？ 独学の意義と方法から、英語、ビジネス、美術、読書、ノート術、漫画、数学、物理学、はては冒険まで、多彩な執筆陣が寄稿。独りで学ぶことの魅力・意味を探る。

123
カスハラの犯罪心理学
桐生正幸

「店員にキレる客」を誰しも見たことがあるように、カスハラ（悪質なクレーム）は日本で大量発生している。元「科捜研の男」が、豊富な調査実績を基にカスハラを生む心理と社会構造を暴き出す。

124
教養としての「病」
佐藤優
片岡浩史

週に三度の透析、前立腺癌、冠動脈狭窄と、立て続けに襲ってくる病魔と闘い続ける「知の巨人」が考える患者学とは？ 京大法学部卒業という異色のキャリアを持つ担当医（東京女子医大病院 腎臓内科）との対話。

126
プーチンの復讐と第三次世界大戦序曲
舛添要一

ロシアのウクライナ侵攻により、核兵器使用の脅威が高まっている。果たして、第三次世界大戦は起こってしまうのか。プーチンという政治家の作法、さらにウクライナ戦争の背景が理解できる決定版の一冊。